职业教育物流类专业系列教材

运输实务

主　编　毕丽丽

副主编　白思影　孙明燕

参　编　宋子鑫　刘宇娇　于寅虎

机械工业出版社

本书为全国物流职业教育教学指导委员会"基于新专业标准的物流类专业教材建设"专项课题研究成果教材。

本书共有公路运输业务组织、航空运输业务组织、铁路运输业务组织、水路运输业务组织、网络货运业务组织五个项目。本书深入贯彻课程思政进教材，确定了"从劳动养成到劳动创造"的课程思政主线，并通过任务情境等载体深度融入；立足货物运输代理、货物运输调度员的岗位，将全国职业院校技能大赛"运输作业优化"和物流管理职业技能等级标准中运输相关的内容融入教材编写，做到"岗课赛证"融通；以"项目—任务"式体例设计教材，并加入运输行业的最新业态模式，契合了运输行业电子化和网络化的新发展。

本书适用于中职物流类专业学生的教学，也可作为物流运输从业人员的参考用书。

图书在版编目（CIP）数据

运输实务 / 毕丽丽主编． -- 北京：机械工业出版社，2025. 6. --（职业教育物流类专业系列教材）.

ISBN 978-7-111-78361-9

I. U

中国国家版本馆 CIP 数据核字第 2025PC0324 号

机械工业出版社（北京市百万庄大街 22 号　邮政编码 100037）

策划编辑：宋　华　胡延斌　责任编辑：宋　华　胡延斌　章承林
责任校对：潘　蕊　李小宝　封面设计：王　旭
责任印制：张　博
北京铭成印刷有限公司印刷
2025 年 7 月第 1 版第 1 次印刷
210mm×285mm·10.25 印张·196 千字
标准书号：ISBN 978-7-111-78361-9
定价：39.80 元

电话服务　　　　　　　　网络服务
客服电话：010-88361066　机　工　官　网：www.cmpbook.com
　　　　　010-88379833　机　工　官　博：weibo.com/cmp1952
　　　　　010-68326294　金　书　网：www.golden-book.com
封底无防伪标均为盗版　机工教育服务网：www.cmpedu.com

本书以习近平新时代中国特色社会主义思想为指导，全面贯彻落实党的二十大精神，根据全国职业教育大会、《国家职业教育改革实施方案》和《关于推动现代职业教育高质量发展的意见》等政策引领，结合物流行业《"十四五"现代物流发展规划》，按照运输行业实际和最新的岗位需求变革，完成编写。

本书具有以下特色：

第一，深入贯彻课程思政进教材。习近平总书记多次强调要提高综合交通运输网络效率，调整运输结构，降低物流成本，"哪里适合公路，哪里适合铁路，不要造成浪费，要做最合理的交通工具"。在教材的编写中，要让学生能掌握不同运输方式的特征，完成运输方式的选择，降低物流成本。海运物流、航空物流、中欧班列等在加强世界各国互联互通、促进政治文化交流和经贸合作中发挥了重要作用，促进了人类命运共同体的构建。在本书编写的过程中，确定了"从劳动养成到劳动创造"的课程思政主线，深度挖掘运输工作过程中的思政元素，包括但不限于成本意识、安全意识等。

第二，加入最新业态模式"网络货运业务组织"内容。此项目分为认识网络货运平台、网络货运平台功能和网络货运系统操作三个任务，介绍了网络货运经营、网络货运平台发展方式、网络货运平台运营模式等内容。学生学习后能掌握网络货运平台的功能，能完成网络货运平台系统的操作。

第三，契合运输行业最新发展——电子化和网络化。基于不同运输方式提交运输需求，实现运输业务网络化。在铁路运输业务组织和航空运输业务组织中，通过设置符合行业最新实践标准的网络化任务，填补了现有教材在数字化运输业务流程教学方面的空白。

第四，岗课赛证融通重构教材内容。立足货物运输代理、货物运输调度员的岗位，将全国职业院校技能大赛"运输作业优化"中的运输车辆选择、运费计算、单证缮制、货代流程操作融入教材，学生学习后，可以掌握大赛技能点；将"物流管理职业技能等级标准"中的技能点，如按流程完成货物受理、运送及交付进行拆解，融入各项目，学生学习后，能够掌握职业资格所需的能力和技能。

第五，"项目—任务"式设计教材。本书以具体的项目为载体，将知识点穿插到具体项目的实施过程中。在工作项目中，转变传统的师生角色，以学生为主体、教师为主导，师生共同执行一个完整的工作项目来开展项目教学活动。以实施项目的过程为主线，融专业能力、方法能力、职业能力和社会能力的培养于一体。项目的完成包括任务情境、知识储备、任务实践活动、任务评价、课后练习、素质拓展园地全过程。在任务评价和课后练习中，注重教学评价的多元性，增加知识、能力和素养等方面的评价。

　　本书由北京市商业学校毕丽丽担任主编，北京市商业学校白思影、孙明燕担任副主编，北京市商业学校宋子鑫、山东省潍坊商业学校刘宇娇、北京市商业学校于寅虎参与编写。祥龙物流运输方面的专家参与调研和研讨，提供了网络货运平台、公路运输业务方面的行业最新业务流程、案例和处理任务方式；国家铁路局的专家提供了铁路运输行业最新的电子化业务流程规范；京东物流的专家提供了航空运输和公路运输的最新发展情况和业务流程。多位行业企业专家的参与，让本书更加与时俱进，在此表示诚挚的感谢。

　　因编者水平所限，书中难免存在错漏之处，敬请读者指正。

编　者

二维码索引

目　录

项目一

公路运输业务组织

项目背景

　　顺达物流运输公司主要从事西南地区与华南地区的公路运输业务,该公司自20世纪50年代以来一直执行稳定型货运计划。进入21世纪以来,运输市场剧烈变化,货源结构和市场需求事先难以确定。货运任务主要受制于货运订单,且订单的前置时间很短,多数在一两天或几个小时。这就要求运输企业快速响应,及时提供服务,做到以客户为中心,最大限度地满足客户需要。该公司车辆近年已经全部更新。车队的运输任务有三个渠道:一是受理的托运计划;二是客户以传真或E-mail的形式委托的运输任务书;三是电话或口头通知(一般是老客户)。

学习目标

知识目标

- 掌握公路运输的分类及公路运输系统的构成要素。
- 掌握零担货物运输和整车货物运输的含义及服务流程。
- 掌握公路货物运费的计算及结算作业的主要内容。

能力目标

- 能根据运力情况、运输距离、货物情况判断能否承接运输任务。
- 能安排运输任务,包括车辆选择、运输线路选择、运费核算、结算单填写等。
- 能列举公路货物运输过程中可能遇到的突发情况。

素养目标

- 培养学生的系统性思维,能够从系统的角度分析和解决问题。
- 培养沟通与协调能力,能与运输过程中涉及的各方(包括与货主、收货人、驾驶员等相关人员)进行沟通。
- 培养计划与组织能力,能够制订初步的计划和组织方案。

任务一
受理业务委托

7月5日，小张上班后，打开邮箱发现一封转自李明经理的邮件，是湖南电力路路通塑业有限公司（位于湖南省长沙市，以下简称"路路通塑业"）发来的E-mail形式的运输任务书，如图1-1所示。

李明经理：

您好！

我公司（库房位于湖南省长沙市）现有一批塑料管道需要贵公司进行运输，主要运输范围为湖南省长沙市市内配送及长沙市至广州市、南宁市、南昌市、郑州市、贵阳市、武汉市、重庆市、上海市的干线运输。

塑料管道以"米"为单位，每个产品一般直径15～300毫米。湖南省内产品一般为6～7米长，每个订单货物约2吨，湖南省外产品一般为9米左右，每个订单货物约8.9吨。各省要求送达时间如下表：

序号	目的地	送达时间要求/小时	序号	目的地	送达时间要求/小时
1	长沙市	12	6	贵阳市	96
2	广州市	20	7	武汉市	96
3	南宁市	36	8	重庆市	72
4	南昌市	24	9	上海市	48
5	郑州市	24			

请确认贵公司可以承接的运输业务，并邮件告知。对于贵公司可以承接的运输业务，将于7月7日进行运输。

祝好。

图1-1　运输任务书邮件

一、公路运输的含义及优缺点

（一）公路运输的含义

根据《物流术语》（GB/T 18354—2021），运输是利用载运工具、设施设备及人力等运力资源，使货物在较大空间上产生位置移动的活动。

公路货物运输是指利用一定的载运工具，一般主要以载货汽车为主要运输工具，通过公路使货物产生空间位移的过程。

（二）公路运输的优缺点

1. 公路运输的优点

（1）机动灵活，适应性强，可实现"门到门"直达运输。

（2）在中、短途运输中，运送速度较快。

（3）原始投资少，资金周转快。

（4）车辆驾驶技术容易掌握。

2. 公路运输的缺点

（1）运输能力小。

（2）运输耗能高，运输成本高，环境污染严重。

（3）劳动生产率低，受路况影响大。

二、公路运输的分类

按照不同的划分标准，公路运输可以有不同的分类。

（一）按运输批量大小分

按运输批量大小，公路运输可分为整车运输、零担运输、集装箱运输和包车运输。

集装箱运输是将适箱货物集中装入标准化集装箱，采用现代化手段进行的货物运输。

包车运输是指应托运人的要求，经双方协议，把车辆包给托运人安排使用，并按时间或里程计算运费的运输。

（二）按运输距离分

按运输距离分，公路运输可分为长途运输和短途运输。

运距在25千米以上的运输为长途运输。长途运输的主要特点是：运输距离长，周转时间长，行驶路线较固定。长途运输一般为跨省、跨区的公路干线运输，汽车在完成某一次运输任务时其周转时间长。在充分利用载质量的条件下，汽车的载质量越大，越适合于远距离运输。因此，长途运输所采用的车辆主要是大吨位的汽车。

运距在25千米及其以下的运输为短途运输。短途运输的主要特点是：运输距离短、装卸次数多、车辆利用效率低；点多面广、时间要求紧迫；货物零星、种类繁杂、数量忽多忽少。

（三）按货物的性质及对运输的要求分

按货物的性质及对运输的要求分，公路运输可分为普通货物运输和特种货物运输。

（四）按托运的货物是否有保险或保价分

按托运的货物是否有保险或保价分，公路运输可分为不保险（不保价）运输、保险运输、保价运输。

保险运输是指托运人为了确保货物在运输过程中的安全，选择为货物购买保险，以便在货物发生损失或损坏时能够得到相应的赔偿。

保价运输是指在办理托运手续时对货物进行保价，在发生货物赔偿时，按托运人声明价格及货物损坏程度予以赔偿的货物运输。

（五）按货物运输速度分

按货物运输速度分，公路运输可分为一般货物运输、快件运输和特快专运。

（六）按运输的组织特征分

按运输的组织特征分，公路运输可分为集装化运输和联合运输。

联合运输是指两种或两种以上运输方式，或同一种运输方式的两个及以上的运输企业，遵照统一的规章（协议），使用同一运送凭证，或通过相互代办中转业务，联合完成某项运输任务。

货运车辆的分类

随堂记

三、公路运输系统的构成要素

公路运输系统的构成要素主要包括运输工具、运输节点和运输线路。

（一）运输工具

公路运输工具主要包括汽车、挂车和汽车列车三大类。汽车是由动力驱动，具有四个或四个以上车轮的非轨道承载的车辆，主要用于载运人或货物以及用于牵引载运人或货物的车辆。本书只讨论用于载运货物或牵引载运货物的车辆，即货车。挂车是指需要汽车牵引才能正常使用的一种无动力的道路车辆。汽车列车是将一辆货车与一辆（或多辆）挂车组合而成的车辆。

（二）运输节点

运输节点（也称运输结点）即货运站（场），是以场地为依托，为社会提供有偿服务的具有仓储、保管、配载、信息服务、装卸、理货等功能的综合经营场所。

（三）运输线路

运输线路是供运输工具定向移动的通道，是运输工具赖以运行的物质基础，如铁路、公路、航道和管线。公路运输线路即公路，主要由路基、路面、桥隧、交通标志和路面标线组成。

任务实践活动

一、实训内容

请根据路路通塑业的邮件，确定你需要收集的本公司的基本情况，列一张你需要了解的情况清单，并根据资料完成邮件的回复。

二、实训步骤

步骤一： 根据所学知识，你列出了为了完成邮件回复所需的"公司的基本情况"清单。请将清单内容列在表1-1中。

表1-1 "公司的基本情况"清单

序号	内容
1	
2	
3	
4	
5	
…	

步骤二： 根据李明经理提供的信息，完成邮件的回复。

李明经理提供了公司运力信息（见表1-2），其中4吨车型的货厢尺寸为4.2米×2.1米×2.1米，6吨车型的货厢尺寸为6.2米×2.1米×2.1米，8吨车型的货厢尺寸为7.2米×2.4米×2.7米，10吨车型的货厢尺寸为8.6米×2.4米×2.7米。

表1-2 公司运力信息

车牌	载重/吨	车辆类型	运作路线
湘A 96847	4	厢式货车	无
湘A 83469	4	厢式货车	无
湘A 56672	6	厢式货车	无
湘A 89772	6	厢式货车	无
湘A 75876	6	厢式货车	长沙市至湖南省其他各市
湘A 62538	8	厢式货车	长沙市至湖南省其他各市
湘A 52837	8	厢式货车	长沙市—上海市
湘A 72158	8	厢式货车	长沙市—芜湖市
湘A 66353	10	厢式货车	长沙市—广州市
湘A 66355	8	厢式货车	长沙市—南昌市

（续）

车牌	载重/吨	车辆类型	运作路线
湘A 66357	8	厢式货车	长沙市—芜湖市—合肥市
湘A 66358	10	厢式货车	长沙市—芜湖市—南昌市
湘A 66359	10	厢式货车	长沙市—上海市—广州市

公司在湖南省内各城市间货运点的距离如下（见表1-3）。

表1-3　湖南省内各城市间货运点的距离　　　　（单位：千米）

长沙市												
66	株洲市											
116	66	湘潭市										
267	121	267	衡阳市									
226	184	226	121	邵阳市								
267	282	267	167	226	岳阳市							
187	233	187	233	296	267	常德市						
401	382	386	401	422	401	187	张家界市					
213	239	213	239	268	267	138	386	益阳市				
262	286	262	286	291	282	233	401	239	郴州市			
421	370	421	370	357	421	326	422	268	286	永州市		
424	449	424	449	421	449	401	401	239	262	370	怀化市	
169	176	169	216	223	267	239	422	169	282	421	216	娄底市

本公司的长沙市物流货运中心有多条发往外省的运输线路，提供定时发车、定时到达、定时配送服务，这些班线的目的站分别为上海、芜湖、合肥、南昌、广州，公司在湖南省外各城市间货运点的距离如下（见表1-4）。

表1-4　公司在湖南省外各城市间货运点的距离　　　　（单位：千米）

长沙市					
1200	上海市				
520	520	芜湖市			
500	480	220	合肥市		
430	630	450	280	南昌市	
1600	1400	1200	1200	650	广州市

请完成邮件的回复。

任务评价

姓名				学号			
实训名称			受理业务委托				
考核内容		考核标准	参考分值	学生自评	小组互评	教师评价	考核得分
知识评价	1	了解公路运输的优缺点	10				
	2	掌握公路运输的分类	15				
	3	掌握公路运输系统的构成要素	15				
能力评价	1	根据运力情况判断能否承接运输任务	10				
	2	能够描述公司基本情况及相关数据	10				
	3	能够完成业务邮件的回复	10				
素养评价	1	能够从系统的角度分析和解决问题，具备初步的系统思维	15				
	2	具备一定的专业意识和责任感	15				
总得分			100				

课 后 练 习

一、单选题

1. （   ）是利用载运工具、设施设备及人力等运力资源，使货物在较大空间上产生位置移动的活动。

    A. 仓储　　　　　　B. 运输　　　　　C. 配送　　　　　D. 装卸

2. 公路运输的优点不包括（   ）。

    A. 可实现"门到门"直达运输　　　　B. 原始投资少，资金周转快

    C. 车辆驾驶技术容易掌握　　　　　　D. 运输耗能低

3. 将公路运输分为普通货物运输与特种货物运输的分类依据是（   ）。

    A. 货物的性质及对运输的要求　　　　B. 货物运输速度

    C. 运输批量大小　　　　　　　　　　D. 托运的货物是否有保险

二、多选题

1. 按运输批量大小，公路运输可分为（   ）。

    A. 整车运输　　　　B. 集装箱运输　　　C. 零担运输　　　D. 包车运输

2. 公路运输系统的构成要素主要包括（   ）。

    A. 运输工具　　　　B. 运输节点　　　　C. 运输线路　　　D. 驾驶员

任务二
制定运输方案

任务情境

7月6日，小张收到了路路通塑业物流部刘琳发来的邮件回复，她希望小张制定长沙市到武汉市的长途运输方案。此次运输方案主要内容包括：确定运输的类型（整车运输还是零担运输）、确定运输车辆及运输线路，并完成必要的应急预案。邮件回复如图1-2所示。

> 小张：
>
> 你好。
>
> 很高兴我们达成合作意向。现将运输货品的具体情况发给你，希望你能首先完成长沙市到武汉市的长途运输方案。
>
> 附：货物详细信息
>
> 此次运输的塑料管道，湖南省内产品为长6米、外径50毫米、壁厚3毫米的PVC管道，单件重量7.5千克，单件体积为5435厘米³；湖南省外产品为长9米、外径50毫米、壁厚3毫米的PVC管道，单件重量11千克，单件体积为7971厘米³。PVC管道密度为1.38克/厘米³。

图1-2　刘琳发来的回复邮件

知识储备

一、货物种类

货物在运输、装卸、保管中无特殊要求的，为普通货物。普通货物分为三等，如表1-5所示。

表1-5　普通货物等级表

等级	货类
一等货物	砂、石、非金属矿石、土、渣
二等货物	煤、粮食及加工品、棉花、麻、油料作物、烟叶、蔬菜、瓜果、植物油、植物的种子、草、藤、树条、蚕、茧、肥料、农药、糖、肉、油脂及其制品、水产品、酱菜、调料、土产杂品、皮毛、塑料、日用百货、棉麻制品、药材、纸、纸浆、文化体育用品、印刷品、木材、橡胶、可塑材料及其制品、水泥及其制品、钢材、有色金属及其制品、矿物性建筑材料、金属矿石、焦炭、原煤加工品、盐、泥、灰、废品及散碎品、空包装容器
三等货物	蜂、观赏用花、木、蛋、乳、干菜、干果、橡胶制品、颜料、染料、食用香精、树胶、木蜡、化妆品、木材加工品、家具、交电器材、毛、丝、呢绒、化纤、皮革制品、糖果、糕点、淀粉

货物在运输、装卸、保管中需采取特殊措施的，为特种货物。特种货物分为长大笨重货物、危险货物、贵重货物及鲜活货物四类。

每千克质量体积超过4000米³，或每立方米的质量不足250千克的货物为轻泡货物。其体积按货物（有包装的按货物包装）外廓最高、最长、最宽部位尺寸计算。

二、零担货物运输

（一）零担货物运输的含义

零担货物是指一次托运不足以装满整车，体积、质量和包装符合拼装成整车运输要求，并按质量或体积计算运费的货物。

零担货物运输是按照托运人的要求，使用道路货运车辆将零担货物交付收货人的服务行为，包括零担货物的受理、拼装、运输、分拨及交付等过程。

按件托运的零担货物，单件体积一般不小于0.01米³（单件重量10千克以上的除外），不大于1.5米³；单件重量不超过200千克；货物的长度、宽度、高度不超过3.5米、1.5米和1.3米。

各类危险、易破损、易污染和鲜活等货物，除另有规定和有条件办理的以外，不办理零担运输。

（二）零担货物运输的服务流程

零担货物运输的服务流程包括货物托运、货物受理、分拣入库、货物配装、在途运输、货物交付，如图1-3所示。零担货物运输中还涉及合同的变更和取消、责任赔偿、服务评价。

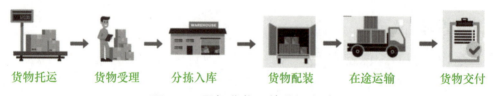

货物托运　　货物受理　　分拣入库　　货物配装　　在途运输　　货物交付

图1-3　零担货物运输的服务流程

三、整车货物运输

（一）整车货物运输的含义

整车货物指除了货物装卸外，托运人、收货人、发站、到站和装卸地点均相同，且一次托运能够装满车辆或者按车辆最大容量收取运费的货物。

整车货物运输是指按整车货物办理托运手续、组织运送和计费的货物运输。

以下货物必须按整车运输：

（1）鲜活货物。如冻肉、冻鱼、鲜鱼，活的牛、羊、猪、兔、蜜蜂等。

（2）需用专车运输的货物。如石油、烧碱等危险货物，粮食、粉剂的散装货等。

（3）不能与其他货物拼装运输的危险品。

（4）易于污染其他货物的不洁货物。如炭黑、皮毛、垃圾等。

（5）不易于计数的散装货物。如煤、焦炭、矿石、矿砂等。

（二）整车货物运输的服务流程

整车货物运输的服务流程包括业务受理及现场出货作业、运送途中作业和到达作业，具体如图1-4所示。

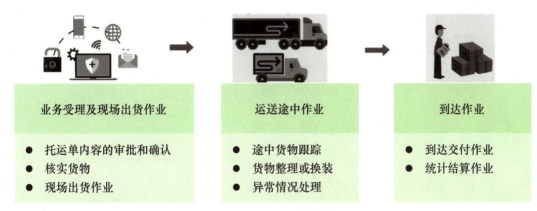

图1-4　整车货物运输服务流程

四、公路货物运费的计算

（一）公路货物运费的计算公式

整车货物运费（元）=吨次费（元/吨）×计费重量（吨）+整车货物运价（元/吨·千米）×计费重量（吨）×计费里程（千米）+货物运输其他费用（元）。

零担货物运费（元）=计费重量（千克）×计费里程（千米）×零担货物运价（元/千克·千米）+货物运输其他费用（元）。

（二）公路货物运费的计价标准

1. 计量单位

（1）整车货物运输以吨为单位。

（2）零担货物运输以千克为单位。

2. 计费重量（箱数）的确定

（1）一般货物。整车、零担货物的计费重量均按毛重（含货物包装、衬垫及运输需要的附属物品）计算。货物计费重量一般以起运地过磅重量为准。起运地不能或不便过磅的货物，由承、托双方协商确定计费重量。

（2）轻泡货物。整车轻泡货物的计费重量按车辆标记吨位计算。零担运输轻泡货物以货物包装最长、最宽、最高部位尺寸计算体积，按每立方米折合250千克计算其计

随堂记

零担货物运输
运费计算

费重量。

3. 按照里程计费

（1）公路货物运输计费里程以千米为单位，尾数不足1千米的，进整为1千米。

（2）计费里程的确定。

1）货物运输的计费里程，按装货地点至卸货地点的实际载货的营运里程计算；营运里程以省、自治区、直辖市交通行政主管部门核定的营运里程为准，未经核定的里程，由承、托双方商定。

2）同一运输区间有两条（含两条）以上营运路线可供行驶时，应按最短路线计算计费里程或按承、托双方商定的路线计算计费里程。

4. 公路货物运输的其他费用

公路货物运输的其他费用包括调车费、延滞费、装货（箱）落空损失费、排障费、车辆处置费、检验费、装卸费、通行费、保管费、道路阻塞停车费、运输变更手续费等。

任务实践活动

一、实训内容

制定长沙市到武汉市的长途运输方案。运输方案至少包含以下内容：

（1）确定运输的类型（整车运输还是零担运输）。

（2）选择适合的车辆。

（3）完成长途运输的运输线路选择（行驶路线描述、地图截图等）。

（4）运输费用的计算。

二、实训步骤

步骤一： 根据运输任务及货物分类相关知识，确定本次运输的货物是否属于轻泡货物。

步骤二： 确定本次运输的货物等级。

步骤三： 确定长沙市市内运输及长沙市到武汉市长途运输的运输方式（整车运输还是零担运输）。

步骤四： 根据货品信息及车辆信息，确定长沙市市内运输及长沙市到武汉市长途运输的车辆。

步骤五： 查询网络，为长沙市到武汉市的长途运输选择合适的运输线路（发货地址：湖南省长沙市岳麓区枫林三路418号；收货地址：湖北省武汉市江夏区神龙港北街50号）。

长沙市到郑州市的路线设计举例：沿岳麓大道向北行驶，过收费站后进入长张高速，驶至张家界市后转入张花高速；驶至湖北省恩施土家族苗族自治州境内后，转入沪渝高速，至宜昌市境内后，转入荆宜高速；至武汉市境内后，转入沪蓉高速；行驶至河南省郑州市境内后，转入郑州绕城高速；沿郑州绕城高速行驶至郑州市二七区开发路出口后，沿开发路向西行驶至盈合万货城。

步骤六： 根据相关信息完成长沙市到武汉市运费的核算。

目前公路运输的相关信息如下：线路基准运输费率为 4×10^{-4} 元/（千克·千米）；对于吨次费参照规定"运距25千米以上为长途，运距25千米及以下为短途。25千米以内吨次费为每吨16元，运距25千米以上，吨次费每15千米递减1元，且递减到235千米为止，运距超过235千米的，不计收吨次费"；其他费用共计80元。

任务评价

姓名				学号			
实训名称			制定运输方案				
考核内容		考核标准	参考分值	学生自评	小组互评	教师评价	考核得分
知识评价	1	掌握公路运输货物的分类	10				
	2	掌握零担货物运输的服务流程	10				
	3	掌握整车运输的服务流程	10				
能力评价	1	能够制定简单的运输方案	10				
	2	能够选择合适的运输线路	10				
	3	能够完成运费的核算	10				
素养评价	1	具备职业人仔细、认真、严谨的工作作风	10				
	2	通过运费的计算，具备成本意识	15				
	3	能够对运输过程中的风险进行识别，具备风险管理能力	15				
总得分			100				

课后练习

一、单选题

1. 普通货物分为（　　　）。

   A. 一等　　　　　　B. 二等　　　　　　C. 三等　　　　　　D. 四等

2. 下列（　　　）不是特种货物的类别。

   A. 长大笨重货物　　　　　　　　　　B. 危险货物

   C. 低价值货物　　　　　　　　　　　D. 鲜活货物

3. 轻泡货物是指货物每立方米体积重量不足（　　　）千克的货物。

   A. 300　　　　　　B. 250　　　　　　C. 500　　　　　　D. 800

4. 零担货物运输以（　　　）为单位。

   A. 吨　　　　　　B. 千克　　　　　　C. 箱数　　　　　　D. 立方米

5. 整批轻泡货物的计费重量按（　　　）计算。

   A. 毛重　　　　　　　　　　　　　　B. 净重

   C. 皮重　　　　　　　　　　　　　　D. 车辆标记吨位

6. 一批托运货物计费重量（　　　）以上或虽然不足（　　　），但其性质、体积、形状需要一辆汽车运输的为整车货物运输。

   A. 5吨　　　　　　B. 2吨　　　　　　C. 3吨　　　　　　D. 6吨

二、多选题

1. 不办理零担运输的货物包括（　　　）。

   A. 危险货物　　　　　　　　　　　　B. 易破损货物

   C. 易污染货物　　　　　　　　　　　D. 鲜活货物

2. 公路货物运输的其他费用包括（　　　）。

   A. 延滞费　　　　　B. 装卸费　　　　　C. 调车费　　　　　D. 检验费

三、判断题

1. 零担货物运输中不涉及合同的变更和取消。　　　　　　　　　　　　（　　　）

2. 易于污染其他货物的不洁货物必须按整车托运。　　　　　　　　　　（　　　）

任务三
实施货物运输

任务情境

7月6日，公司与路路通塑业物流部刘琳完成了长沙市到武汉市的运输方案的确认后，小张需要协助驾驶员完成一次公路整车货物运输。

知识储备

一、托运单内容的审批和确认

（一）托运单的主要内容

对于临时性、短期性的客户货运订单，由承运人提供货物托运单，由托运人填写。不同的运输企业有不同的托运单格式，但一般都要包括装卸货地点和时间、货物名称与规格、货物大小（体积或重量）、运输时间、运输费用及具体运输要求等相关项目。托运单样式如图1-5所示。

托运日期： 年 月 日			经办人：		电话：		运单号：					
托运人		地址		联系人及电话			装货地点					
收货人		地址		联系人及电话			卸货地点					
付款人		地址		电话		约定起运时间			约定到达时间			
货物名称	包装形式	体积/米³	重量/吨	件数	计费重量/吨	计费里程/千米	运价率/吨·千米	计费项目金额		...	保价、保险	
								运费	装卸费		金额	费用
	合计											
结算方式	预付□ 到付□ 返单□ 其他□				费用合计金额		万 千 百 拾 元 角 分					
备注					托运人签章 年 月 日			承运人签章 年 月 日			收货人签章 年 月 日	
公司地址：							客服电话：					

图1-5 某企业公路托运单

公路托运单一般有四联，第一联承运人留存，作为业务统计的凭据并为运输合同当事人一方保存；第二联托运人存查，作为查询的依据并为运输合同当事人另一方保存；第三联结算联，随货同行，经收货人签收后，作为交付货物和核算运费的依据；第四联为收货人存查联。

公路托运单填写规范

（二）公路货物运输运单的填写要求

（1）一张运单托运的货物必须是同一托运人；对拼装分卸的货物应将每一拼装或分卸情况在运单记事栏内注明。

（2）易腐、易碎、易溢漏的液体、危险货物与普通货物以及性质相抵触、运输条件不同的货物，不得用一张运单托运。

特殊货物运输，特殊对待

（3）一张运单托运的件货，凡不是具备同品名、同规格、同包装的，以及搬家货物，应提交物品清单，物品清单如图1-6所示。

起运地点：							运单号：	
编号	货物名称	包装形式	件数	新旧程度	长×宽×高 米　米　米	体积 /立方米	质量/ 千克	保险、保价 价格/元
备注								
托运人（签章）：			承运人（签章）：				年　月　日	

图1-6　物品清单

（4）托运集装箱时应注明箱号和铅封印文号码，接运港、站的集装箱，还应注明船名、航次或车站货箱位，并提交装箱清单。

（5）轻泡货物按体积折算重量的货物，要准确填写货物的数量、体积、折算标准、折算重量及其有关数据。

（6）托运人要求自理装卸车的，经承运人确认后，在运单内注明。托运人委托承运人向收货人代递有关证明文件、化验报告或单据等，须在托运人记事栏内注明名称和份数。

（7）托运人对所填写的内容及所提供的有关证明文件的真实性负责，并签字盖章；托运人或承运人改动运单时，亦须签字盖章说明。

公路货物托运单由托运方填写约定事项，再由运输方审核承诺。在电子制单的情况下，也可以是运输方根据托运方提供的运输需求信息，制作并打印托运单，再由托运方盖章认可。

二、核实货物

核实货物是指为确保托运的货物与托运单填写的货物一致，而对可疑货物进行开箱（包）检查，防止托运人将禁运物品、违禁物品、危险物品和限运货物、凭证运输货物谎报或匿报为普通货物的检查。在货主提出托运计划并填写货物托运单后，运输部门会派人同货主进行核实。

核实的主要内容有：

（1）托运单所列的货物是否已处于待运状态。

（2）装运的货物数量、发运日期有无变更。

（3）连续运输的货源有无保证。

（4）货物包装是否符合运输要求，危险货物的包装是否符合《危险货物道路运输规则》的相关规定。

（5）确定货物体积、重量的换算标准及其交接方式。

（6）装卸场地的机械设备、通行能力。

（7）运输道路的桥涵、管沟、地下电缆和架空电线等详细情况。

公路限运、禁运及豁免货物

《道路货物运输及站场管理规定》规定：道路货物运输经营者不得运输法律、行政法规禁止运输的货物。道路货物运输经营者在受理法律、行政法规规定限运、凭证运输的货物时，应当查验并确认有关手续齐全有效后方可运输。

禁运货物是指按国家法律和有关规定禁止运输的货物。限运货物是指按国家法律和有关规定，对某些货物的流向、流量有一定限制，如超越限制，须经主管部门批准并出具相应证明方能运输的货物或是国家实行专卖、专营的物资。豁免货物是指国家发文明确实行危险货物管理豁免，可按普通货物进行运输的货物。

装车发货的注意事项

三、现场出货作业

现场出货作业是指在发货人出货地点（货物仓库），承托双方办理货物和单据的交接并将货物装车的作业过程。

在运输车辆到达发货人出货地点后，现场业务员和驾驶员会同发货方出货负责人（仓管员）三方一起根据出货清单（托运单或发货计划单）核实货物，监督和协助货物装车，检查货物、单据交接。根据运单或出货清单，现场业务员、驾驶员、发货方出货负责人一起对装车的货物名称、重量、件数进行清点和再次核实，检查包装是否完好，核对无误后进行装车环节作业；若发现货物有破损、渗漏、污染等不适合装车的情况，应及时与发货人商议修补或调换。

装车完毕后，三方一起再次清查货物，检查有无错装、漏装，核对实际装车件数，确认无误后，三方在托运单或出货清单上签字确认，办理货物交接签收手续，收好各自应留存的单据联，其余单据联（收货人签收联、收货人留存联）随货同行。

为保证车辆及货物的运行安全，需要将货物进行固定。常见的固定方法有绑扎、填充和固定架等。绑扎是将货物用绳子或带子绑扎在运输工具上，填充是在货物周围填充填充材料，固定架是将货物放置在专用的固定架上。对货物的绑扎要做到牢固，不至于松动或折断。绑扎时，货物的左右、前后绑索应基本对称，且各绑索的受力应尽可能均衡。将装载的货物捆扎牢固，若货物需要绑扎苫盖篷布，必须将篷布苫盖严密并绑扎牢固，以防止货物由于路途颠簸、刹车而发生窜动、滑落等情况，并按有关规定施加封志和外贴有关标志。现场业务员监督驾驶员封车，封车要做到不出现超高、超长、超宽、超重、偏重等现象，检查装载是否稳定、捆绑是否牢固、施封是否符合要求等。然后将需由门卫留存的单据联交门卫，车辆出场。

货物运输
加固方法

现场业务员定期（如每天或每周）将托运单或出货清单中的"承运人留存联"上交公司信息统计员，统计员据此对完成的运输任务进行分类汇总统计。

四、运送途中作业

货物在运送途中发生的各项活动作业统称为运送途中作业，主要包括途中货物跟踪、货物整理或换装以及异常情况处理等活动。

车辆离开出货地点后，运输调度要对在途的货物及车辆情况进行全程监控，调度员、驾驶员等相关人员要对货物、车辆的安全负责，对所运货物准时到达负责。

运输过程中每行驶100千米或行车2小时，应停车检查货物捆扎带是否松动、偏移等，固定锚点、紧固件是否完好，发现情况应及时处理，若无法处理应将车辆停放于安全位置等候救援。

📝 随堂记

任务实践活动

一、实训内容

配合驾驶员完成货物运输作业，包括完成公路托运单的填写、设计核实货物的清单来核实货物的情况、将货物进行固定。

公路托运单

二、实训步骤

步骤一： 完成公路托运单的填写。

步骤二： 设计现场核实货物清单。

为了保证核实货物过程中不发生遗漏，你准备根据所学知识，设计一个在现场核实货物的清单。

现场核实货物的清单		
1	货物处于待运状态	☐
2		
3		
4		
5		
其他		

步骤三： 货物加固。

假设下面的场景是你在装运现场看到的（见图1-7和图1-8），请问该货物该如何加固，以确保运输途中的安全。

图1-7　高栏车装运

图1-8　厢式货车装运

步骤四： 运送途中作业。

某运输塑料管道车辆发生货物松动，造成交通事故，如图1-9所示。

（1）请分析在装运环节可以采取哪些措施，防止事故发生。

（2）途中遇到该情况该如何与企业沟通。

图1-9　货车事故

步骤四： 运送途中作业。

任务评价

姓名				学号				
实训名称			实施货物运输					
考核内容		考核标准		参考分值	学生自评	小组互评	教师评价	考核得分
知识评价	1	掌握托运单的填写要求		10				
	2	掌握公路禁限运的相关要求		5				
	3	掌握现场出货作业的主要内容		10				
能力评价	1	能够填写公路运单		15				
	2	能够判断货物是否属于禁限运货物		10				
	3	能够处理途中作业异常		10				
素养评价	1	能与运输过程中涉及的各方进行沟通，有一定的沟通和表达能力		15				
	2	能处理途中异常情况，具备一定的应急处理能力		10				
	3	现场出货作业，提升安全意识		15				
总得分				100				

课后练习

一、单选题

1. （　　）对所填写的内容及所提供的有关证明文件的真实性负责。

    A. 托运人　　　　　B. 承运人　　　　　C. 收货人　　　　　D. 装货人

2. （　　）是指国家发文明确实行危险货物管理豁免，可按普通货物进行运输的货物。

    A. 禁运货物　　　　B. 豁免货物　　　　C. 限运货物　　　　D. 危险货物

二、多选题

1. 不同的运输企业有不同的托运单格式，但一般都要包括（　　）。

    A. 装卸货地点和时间　　　　　　　　B. 货物名称与规格、货物大小

    C. 运输时间、运输费用　　　　　　　D. 具体运输要求

2. 现场封车要做到（　　）。

    A. 不出现超高、超长、超宽等现象　　B. 不出现超重、偏重等现象

    C. 装载稳定、捆绑牢固　　　　　　　D. 施封符合要求

3. 运送途中作业，主要包括（　　）。

    A. 途中货物跟踪　　B. 货物整理　　　C. 货物换装　　　D. 异常情况处理

任务四
到达交付货物

任务情境

经过一段时间的运输，货物即将抵达目的地武汉市，为保证货物顺利完成交接，你需要协助驾驶员完成最后的到达交付作业，协助结算人员完成货物统计及结算工作。

知识储备

一、到达交付作业

到达交付作业是指在到达站发生的各项活动作业，主要包括通知接货、卸车前检查、验收签单、客服跟踪等活动。

（一）通知接货

货物快要运达承托双方约定的地点前，驾驶员应提前通知收货人做好接收货物准备，如安排卸货地点、货位、行车道路、卸车机械等。

（二）卸车前检查

在车辆到达卸货地点后，驾驶员向收货人递交随货同行的托运单或送货计划单（收货人签收返回联、收货人留存联），收货人根据此单据验收货物。卸车前，驾驶员会同收货验货人员先检查车辆装载有无异常，如封志或有关标志无异常则开始卸车；若发现异常，要在随货同行的单据联上进行备注、拍照后再开始卸车。

（三）验收签单

卸货过程中，驾驶员要态度热情、文明用语，注意维护公司信誉和形象。卸货时，驾驶员应根据托运单或送货计划单所列的项目与收货人点件（包装货物）、监秤记码（散装货物）或凭封志（施封货物）交接。如发现货损货差，则应在托运单或送货计划单上备注货损情况，并对货损情况拍照留存，按发货人指示处理货物并在运输单据上备注。

货物交付完毕后，驾驶员需要让收货人在运输单据上签字盖章，收回签收返回联单据（签单），并征求收货人对运输服务的意见，将收货人留存联单据留给收货人。同时将卸货情况汇报调度员，签单应保持完整、字迹清楚。返回后，驾驶员及时将签单上交公司统计结算人员，收货人意见反馈给客服人员。

（四）客服跟踪

客服人员跟踪每次货物的运送情况，收集发货人和收货人对运输服务的评价意见，并将这些信息向运输主管反馈。

二、统计结算作业

（一）回收签单

送货车辆返回后，统计结算人员要及时回收返回的签单。回收时，结算人员要检查每张签单的真实性、合法性，及时存档，以备结算。

（二）统计运输任务

统计结算人员定期对存档的签单按收货人或地区分类汇总，统计出当期（天、周或月）完成的运输任务，并据此编制运输服务费用结算请求表。

（三）办理运费结算

若为到付运费，货物交付后向收货人收取到付运费；若为预付运费，则在受理阶段向发货人收取，但在实践中，通常为凭签单向发货人结算运费。若为凭签单结算运费，则统计结算人员按期提交运输服务费用结算请求表，并同时提交对应的签收返回联单据，向发货人请求运费结算。

（四）异常处理

若签单上有异常情况备注，如货损、晚到等违约情况，统计结算人员需要通知运输主管，由运输主管根据事故责任情况做出处理意见。

三、道路货物运输服务质量

道路货物运输服务质量是指货物在运输过程中，所提供的服务的质量。服务质量的提高对于提升运输效率、满足客户需求、促进企业发展等方面都具有重要意义。根据国家标准《道路货物运输服务质量评定》（GB/T 20924—2007），道路货物运输服务质量包括质量总要求、基本要求、运输服务设备设施、货物运输过程的服务质量、调度与运输过程的服务质量、装卸与交接过程的服务质量等几个方面。其中质量总要求包括安全、准时准确运输和服务。基本要求包括仪表仪容、服务态度、业务技能、企业网站、客户关系、服务监督几个方面。运输服务设备设施包括货运场所、装卸设备和运输车辆。货物运输过程的服务质量包括业务受理、运输变更和保险与保价。调度与运输过程的服务质量包括货运调度和车辆运行，具体如图1-10所示。

在上述道路货物运输服务质量中，涉及装卸与交接过程环节的服务质量要求主要包括装卸人员应遵守职业道德规范，坚持文明装卸，按照包装储运图示标志作业。货物装车前、卸车后应该对车厢进行检查、清扫，保持车厢整洁。货物装卸应做到轻装轻卸，不丢失、不损坏，堆放整齐。由收货人自理装卸的，承运人应在约定时间把车开到装卸现场，并监装监卸。在货物交接时，对包装货物应件交件收，对散装货物应磅交磅收，门到门施封的货物凭铅封交接。货物到达后，如发现货损、货差，双方交接人员做好记录，并签字。货物交接时，收货人对货物重量和内容如有疑义，承运人应允许查验与复磅，并给予积极配合。

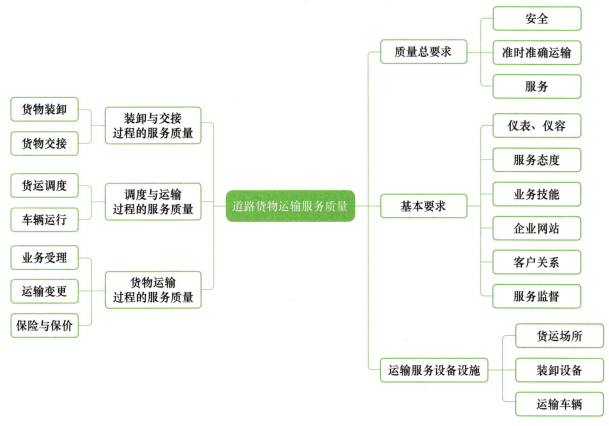

图1-10　道路货物运输服务质量主要内容

任务实践活动

一、实训内容

在货物到达交付中，需要明确各环节的责任主体，设计调研问卷，并完成费用结算单的填写。

二、实训步骤

步骤一：明确各环节的责任主体，请在下面的表格中（见表1-6）写出到达交付作业的责任主体。

表1-6　各环节的责任主体

工作内容	责任主体	工作内容	责任主体
通知收货人，做好接收货物准备	例：驾驶员	在运输单据上签字盖章	
安排卸货地点		收回签收返回联单据	
递交随货同行的单据		将卸货情况汇报调度员	
签收返回联		将签单上交公司统计结算人员	
检查车辆装载有无异常		检查每张签单的真实性	
点件（包装货物）、监秤记码		根据事故责任情况做出处理意见	

步骤二：设计调研问卷。

为提高公司的道路运输服务质量，公司要求驾驶员在送货时征求收货人对运输服务的意见，请设计一份简易的调研问卷（见表1-7），以便驾驶员在送货时进行运输服务意见的收集。

表1-7　顺达物流公司运输服务调研问卷

请为本次运输服务进行打分，10分为非常满意，1分为非常不满意。

序号	运输服务质量指标	打分值
1（例）	工作人员遵守职业道德规范，文明装卸	
2（例）	对车厢进行检查、清扫，保持车厢整洁	
3（例）	承运人应在约定时间把车开到装卸现场	

（行数不够，可以附页）

步骤三：完成本次货物运输费用结算单（见表1-8）的填写。

表1-8　货物运输费用结算单

序号	运输单位	驾驶员姓名	货物名称	起点	终点	单价	次数	合计金额

结算金额	大写：		小写：
审批人：	发货人：		运输单位：

任务评价

姓名				学号				
实训名称			到达交付货物					
考核内容		考核标准		参考分值	学生自评	小组互评	教师评价	考核得分
知识评价	1	掌握到达交付作业的主要流程		10				
	2	掌握统计结算作业的主要内容		10				
	3	掌握道路货物运输服务质量的构成指标		10				
能力评价	1	能够区分到达交付作业的责任主体		10				
	2	能够根据道路货物运输服务质量，制定简易调研问卷		10				
	3	完成货物运输费用结算单的填写		10				
素养评价	1	具备职业人仔细、认真、严谨的工作作风		15				
	2	完成结算作业，培养成本意识		10				
	3	通过统计运输任务，培养数据意识		15				
总得分				100				

课 后 练 习

一、单选题

1. 返回后，驾驶员及时将签单上交公司统计结算人员，收货人意见反馈给（　　）。

  A. 结算人员　　　　B. 客服人员　　　　C. 收货人　　　　D. 调度人员

2. （　　）跟踪每次货物的运送情况，收集发货人和收货人对运输服务的评价意见，并将这些信息向运输主管反馈。

  A. 客服人员　　　　B. 驾驶员　　　　C. 收货人　　　　D. 发货人

二、多选题

1. 到达交付作业是指在到达站发生的各项活动作业，主要包括（　　　）等活动。

  A. 验货　　　　B. 票据交接　　　　C. 货物卸车　　　　D. 保管和交付

2. 做好接收货物准备，需要安排好（　　　）等。

  A. 卸货地点　　　　B. 货位　　　　C. 行车道路　　　　D. 卸车机械

3. 卸车前，驾驶员会同收货验货人员先检查车辆装载有无异常，若发现异常，则需要（　　　）后再进行卸车。

  A. 不用额外操作　　　　　　　　　　B. 现场商量对策

  C. 拍照　　　　　　　　　　　　　　D. 在随货同行的单据联上进行备注

4. 结算人员的工作包括（　　　）。

  A. 回收返回的签单　　　　　　　　　B. 对签单及时存档

  C. 对存档的签单按收货人或地区分类汇总　D. 编制运输服务费用结算请求表

5. 道路货物运输服务质量的质量总要求包括（　　　）。

  A. 安全　　　　　　　　　　　　　　B. 准时准确运输与服务

  C. 服务车辆　　　　　　　　　　　　D. 服务场所

项目总结

本项目旨在让学生了解公路运输的基本概念、优缺点、分类和系统构成要素，掌握货物分类、零担货物运输和整车货物运输的服务流程及运费计算方法，熟悉托运单核实货物、到达交付作业和统计结算作业的主要内容，并能从系统的角度分析和解决问题，培养有效的沟通和协调能力、应急反应能力、风险管理能力和计划与组织能力。通过学习，学生将能更好地理解公路货物运输的组织和管理，提高其在运输过程中的应对能力和风险管理能力，为其未来的职业和个人发展奠定基础。

素质拓展园地

根据北京交通官方权威发布，暴雨红色预警以来，为确保救灾物资第一时间送到群众手中，第一时间送达救援一线，全市货运行业闻"汛"而动，市交通委提前部署、精心组织，各级交通运输部门和货运企业积极响应，组建了由108家货运企业726辆专业运输车组成的应急救援运输车队，依抢险需要随时投入使用，支援救灾物品转运。暴雨红色预警启动后，受灾最重的房山区、门头沟区及燕山地区交通运输部门迅速调派应急储备运力参与救援运输。截至目前，组织厢式货车、挂车、自卸车、危险品运输车等各类型专业运输货车113辆参与救援，出车300余辆次，配合武警、军队和当地政府部门抢运食品、饮用水、药品、冲锋舟、帐篷、救生衣等救援和生活保障物资共计5000余件套。目前，救援转运工作正在紧张进行中。同时，为保障我市生产生活物资运输安全顺畅、供应充足，市交通委货运管理处会同市商务部门全力做好货物运输"保通保障"工作，确保进入我市的京台、京沪、京藏、大广高速等主要货运通道畅通，运输鲜活农产品、重要生产物资的货运车辆通行快捷顺畅。经监测，近五日来进京运输鲜活农产品等"绿通车"数量日均3800余辆，与之前同期相当，运量充足。

（资料来源：北京日报客户端，2023年8月1日。）

项目二

航空运输业务组织

项目背景

随着经济全球化浪潮的席卷，航空货运已成为连接世界的快速通道。在电商、冷链等新兴物流模式的推动下，物流公司紧跟时代步伐，不断拓展其航空货运业务。面对紧急且高要求的国际运输订单，公司需要深度探索航空运输实务精髓，精准匹配航空公司资源，准确提供运输文件和单据，不断优化航空运输业务流程，确保高价值、轻便、易损、易腐等具有航空物流需求的货物能够跨越山海，安全、高效地抵达国内外目的地，助力全球经济融合与文化交流，同时提升公司在航空物流领域的竞争力。

学习目标

知识目标

- 了解航空公司的规定。
- 掌握航空货运单的相关内容。
- 掌握航空运输业务流程。

能力目标

- 能够按照航空公司的规定进行操作，完成航空物流相关业务处理。
- 能够正确填写航空运输文件和单据。

素养目标

- 遵纪守法、依法合规地完成工作。
- 拥抱信息化时代，适应新时代岗位要求。
- 有科学素养，培养数据意识，能发现和描述规律。

任务一

熟悉航空公司的规定

任务情境

肖鹏是A物流有限公司（简称"A公司"）的业务员。2024年8月26日，A公司接到一项紧急任务，需要为一家跨国电子产品制造商（简称"M公司"）运输两批货物。

第一批货物为智能手机配件（高价值、重货、易损），共计50箱，重200千克，需要从北京出发，送达昆明某电子加工厂（云南省昆明市幸福大街1号）。根据客户要求，该批货物最晚于8月27日下午1点之前到达昆明某电子加工厂。8月27日部分航空班次表如表2-1所示。

表2-1 8月27日部分航空班次表

航空公司	出发地 （机场三字代码）	目的地 （机场三字代码）	航班号	起飞 时间	到达 时间	预估 运费
中国国际货运航空股份有限公司	PEK	KMG	CA1403	7:35	10:55	18元/千克
中国国际货运航空股份有限公司	PEK	KMG	CA1475	7:50	11:45	18元/千克
中国南方航空股份有限公司	PEK	KMG	CZ9597	3:35	10:15	19元/千克
中国南方航空股份有限公司	PEK	KMG	CZ7211	6:55	10:20	19元/千克

第二批货物为最新款智能手表，共计30箱，重约1.5吨，需要从北京直飞日本东京成田机场。

综合考虑货物的性质（高价值、易损、时效性强）、客户对安全与速度的高要求、运费等因素，请你制定详细的运输方案，内容包括：

（1）分析智能手机配件和智能手表的运输特性，判断其是否适合航空运输。

（2）根据不同航空公司的航班信息、运价、起飞时间、到达时间等因素，为第一批货物选择合适的航空公司。

（3）确保货物包装符合所选航空公司的规定。

知识储备

一、部分航空公司介绍

（一）国内部分航空公司

1. 中国国际货运航空股份有限公司

中国国际货运航空股份有限公司（简称"国货航"），英文名称为"AirChinaCargo Co.,Ltd"，简称"Air China Cargo"，总部设在北京，以上海为远程货机主运营基地，是中国唯一载有国旗飞行的货运航空公司。

国货航秉持"四创"企业使命：为客户创造价值，为员工创造机遇，为股东创造回报，为社会创造财富。公司坚持将安全运行视为基石，追求高品质的服务标准，并践行低碳环保的运营理念，旨在成为"航空物流综合服务商"。国货航致力于在中国市场稳固根基，同时放眼全球，不断提升自身的国际竞争力，力求在航空货运领域脱颖而出，成为具有国际影响力的行业先锋。

2. 中国南方航空股份有限公司

中国南方航空股份有限公司（China Southern Airlines，以下简称南航），总部设在广州，成立于1995年3月25日，以蓝色垂直尾翼镶红色木棉花为公司标志。南航坚持"安全第一"的核心价值观。南航秉承"客户至上"的理念，通过提供"可靠、准点、便捷"以及"规范化与个性化有机融合"的优质服务，致力满足并超越客户的期望。

南航货运专注品质提升，2011年率先加入CARGO2000，树立高品质服务标杆。构建高端产品线，涵盖快运、温控、国际邮件及整机销售，全球布局，获客户高度认可。面对竞争，南航货运锐意进取，持续提供安全、便捷、专业的航空物流服务。

（二）国外部分航空公司

1. FedEx

FedEx，全称FedEx Express，是全球最大的快递运输公司之一，为220多个国家和地区提供快速、可靠的快递服务。FedEx Express运用覆盖全球的空运和陆运网络，确保分秒必争的货件在确定的时间和日期送达。

2. UPS

UPS，全称为United Parcel Service，Inc.（美国联合包裹运送服务公司），是全球领先的物流企业之一，于1907年成立于美国华盛顿州西雅图。UPS的运营网络广泛延伸，触及全球超过200个国家和地区，专注于为全球消费者提供关键服务。其起源可追溯至一群充满创业激情的青年，他们仅凭100美元的初始资金起步，最初专注于小型信件递送，历经发展，如今的UPS已成长为运输与物流领域的领航者，拥有遍布全球的约50万名员工，为各类客户提供前沿、定制化的解决方案。

UPS深刻认识到自身在构建更加安全、坚韧且具备强大恢复力的社区中的重要作用，这些社区应根植于健康、可持续的全球环境中，致力于促进所有居民的公平与经济繁荣。UPS积极履行这一社会责任，不断推动社会与环境的正向发展。

二、适合航空运输的货物

1. 高价值货物

空运具有快速、安全的特点，非常适合运输高价值的货物。这类货物包括但不限于珠宝、贵金属、精密电子设备、艺术品和奢侈品等。由于这些货物的价值高昂，选择空运可以最大限度地减少货物在运输过程中的风险，确保货物安全快速地到达目的地。

2. 时间敏感货物

对于需要迅速送达的货物，如紧急文件、医药用品、生鲜食品等，空运是理想的选择。空运的速度优势可以确保这些货物在最短时间内到达目的地，满足客户的紧急需求。

3. 轻便货物

空运的计费方式通常按重量计算，因此轻便的货物在空运中具有成本优势。这类货物可能包括服装、鞋类、小型电子产品、书籍等。通过空运这些货物，客户可以在保证时效性的同时，降低运输成本。

4. 易腐货物

空运的快速性对于易腐货物至关重要。例如，水果、蔬菜、海鲜等易腐货物在空运过程中可以大幅缩短运输时间，减少货物在运输过程中的损耗和变质风险。此外，空运还提供了温控等特殊服务，以确保这些货物在运输过程中保持最佳状态。

5. 易碎货物

对于易碎货物，如玻璃制品、陶瓷制品等，空运提供了专业的包装和运输服务。这些服务可以确保货物在运输过程中得到妥善保护，减少因震动、碰撞等原因造成的损坏。

三、航空公司相关规定

（一）机场代码规定

1. 三字代码（IATA代码）

（1）定义与制定机构。三字代码，全称为国际航空运输协会机场代码（IATA Code），由国际航空运输协会（IATA，International Air Transport Association）制定。

它以三个英文字母简写航空机场名，是机场在公众场合最常用的代码。

（2）组成与规则。三字代码由三个大写英文字母组成，不允许包含数字。

代码的制定通常基于机场所在城市或地区的英文名称缩写，但也可能因避免重名、历史原因等因素而有所调整。

例如，上海浦东国际机场的代码是PVG，而不是按照拼音直接缩写的PUD，这是因为PUD已被其他机场注册使用。

（3）使用场合。三字代码广泛应用于航空货物运单（AWB）、登机牌、行李牌等公众场合。

它是航空公司、机场、旅行社等在日常运营中频繁使用的代码。

2. 四字代码（ICAO代码）

（1）定义与制定机构。四字代码，全称为国际民用航空组织机场代码（ICAO Code 或International Civil Aviation Organization Airport Code），由国际民航组织（ICAO，International Civil Aviation Organization）制定。

ICAO是国际民航领域的权威机构，负责全球民用航空的安全、有序发展。

（2）组成与规则。四字代码由四个大写英文字母组成，具有区域性的结构，通常不会重复。

首字母代表所属大洲，第二个字母代表国家，剩余两个字母用于分辨城市或机场。

部分幅员辽阔的国家，则以首字母代表国家，其余三个字母用于分辨城市。例如，中国的机场代码大多以"Z"开头（不含ZK-朝鲜和ZM-蒙古），如北京首都国际机场的代码是ZBAA。

（3）使用场合。四字代码主要用于空中交通管理部门之间传输航班动态、国际航线制定以及航空飞行策划等情况。

它较少在公众场合使用，但在航空业内具有重要地位。

（二）航空运输包装规定

1. 基本要求

（1）除适合货物的性质、状态和重量外，要便于搬运、装卸和码放。

国际空运
货物的包装要求

（2）托运人提供的货物包装应坚固、完好、轻便，能防止包装破裂、内物漏出、散失。

（3）不得用带有碎屑、草末的材料作为包装。内衬物（如木屑、纸屑）不能外漏。

（4）包装内的衬垫材料（如木屑、纸屑）不能外漏。

（5）包装材料要良好，不得用腐朽、虫蛀、锈蚀的材料。

（6）每件货物包装上详细写明收货人、另请通知人和托运人的姓名和地址。

（7）如收到包装件有轻微破损，应在货运单"Handling Information"标出详细情况。

（8）如货物包装不符合航空运输相关规定，要求托运人改进或重新包装后方可收运。

2. 部分包装类型的要求

（1）纸箱。应能承受同类包装货物码放3米或4层的总重量。纸箱包装如图2-1所示。

图2-1　纸箱包装

（2）木箱。厚度及结构要适合货物安全运输的需要，贵重物品、精密仪器、易碎物品的木箱不得有腐蚀、虫蛀、裂缝等缺陷。

（3）条筐、竹篓。

1）编制紧密、整齐、牢固、不断条、不脱条，外形尺寸以不超过50厘米×50厘米×60厘米为宜，单件毛重以不超过40千克为宜，内装货物及衬垫材料不得漏出。

2）应能承受同类货物码放3层高的总重量。

（4）铁桶。

1）铁皮的厚度应与内装货物重量相对应。

2）单件毛重25～100千克的中小型铁桶，应使用0.6～1.0毫米的铁皮制作。

3）单件毛重在101～180千克的大型铁桶，应使用1.25～1.5毫米的铁皮制作。具体铁桶包装要求如表2-2所示。

表2-2　铁桶包装要求

铁桶类型	单件毛重/千克	铁皮厚度/毫米
中小型铁桶	25～100	0.6～1.0
大型铁桶	101～180	1.25～1.5

3. 部分特殊货物包装材料的具体要求

通用：木箱、结实的纸箱（塑料打包加固）、皮箱、金属或塑料桶等。

（1）液体货物。

1）瓶装、灌装或桶装，容器内部必须留有5%～10%的空隙，封盖必须平密，不得溢漏。

2）陶瓷、玻璃容器盛装的液体，每一容器的容量不得超过500毫升。单件货物毛重不超过25千克。

3）箱内应使用内衬物和吸湿材料填实，防止晃动、内装容器碰撞破碎、液体渗出。

4）外包装应加贴"不可倒置""易碎物品"标贴，如图2-2所示。

图2-2　"不可倒置""易碎物品"标贴

（2）易碎物品。单件货物毛重不超过25千克。用木箱包装，用内衬物填实。外包装加贴"易碎物品"标贴。

（3）粉状货物。对于粉状货物的包装，不同包装材料有不同的要求，具体粉状货物包装要求见表2-3。

表2-3　粉状货物包装要求

包装材料	具体要求
袋	外层使用塑料涂膜纺织袋作外包装，粉末不致漏出，单件货物毛重不超过50千克
硬纸桶	桶身不破、接缝严密、桶盖密封、桶箍坚固结实
木桶	同硬纸桶包装材料具体要求
胶合板桶	同硬纸桶包装材料具体要求
玻璃	每瓶内装物的重量不得超过1千克
铁制	箱内用内衬物填实。单件货物毛重不超过25千克
木制	同铁制包装材料具体要求

（4）精密仪器和电子管等易损、质脆易碎货物（单件货物毛重不超过25千克）。

1）多层次包装。货物—内衬物—内包装—内衬物—运输包装（外包装）。内衬物有一定弹性，不得使货物移动位置和相互摩擦。

2）悬吊式包装。用几根弹簧或绳索，从箱内各方向把货物悬置在木箱中间，适用于电子管运输。防倒置包装，即底盘大、有手提把环或屋脊式箱盖的包装。加大包装底盘，不使货物倾倒。不宜平放的玻璃板、挡风玻璃等必须使用此类包装。

3）玻璃器皿的包装。使用有足够厚度的泡沫塑料及其他内衬物围裹严实，外加坚固的瓦楞纸箱或木箱，箱内物品不得晃动。

（5）散装货物、不怕碰压的货物。如轮胎等，可以不用包装。不易清点件数、形状不规则、外形与运输设备相似或容易损坏飞机的货物，应使用绳、麻布包扎或外加包装。

（6）混运货物。一票货物中含有不同物品。这些物品可以装在一起，也可分别包装；贵重货物、动物、尸体、骨灰、外交信袋、作为货物运送的行李不得混装。

（7）特种货物与危险品。包装必须依据危险品运输包装的规定。

（三）取单、整理报关相关单证操作规定

1. 取得报关资料规定

由专职跑单师傅或者销售负责拿取报关资料。取件时应认真核对：报关资料的份数是否正确；每份资料（报关单、报关委托书、发票、装箱单或者商检单、商会证明等）是否齐全；章是否已盖齐；是否已上网备案等。

2. 整理、审核单证要求

审核单证，指接受托运人提供的报关文件及其他随机要求文件，公司指定专人对单证进行整理、认真核对。

（1）报关审核的主要单证。

1）发票。发票是一切单位和个人在购销商品、提供或接受服务以及从事其他经营活动中所开具和收取的业务凭证，是会计核算的原始依据，也是审计机关、税务机关执法

检查的重要依据。

2）装箱单。装箱单是发票的补充单据，它列明了信用证（或合同）中买卖双方约定的有关包装事宜的细节，便于国外买方在货物到达目的港时，供海关检查和核对货物，通常可以将其有关内容加列在商业发票上，但是在信用证有明确要求时，就必须严格按信用证约定制作。

3）进出口货物报关单。进出口货物报关单是指进出口货物收发货人或其代理人，按照海关规定的格式对进出口货物的实际情况做出书面申明，以此要求海关对其货物按适用的海关制度办理通关手续的法律文书。

4）进出口许可证。进出口许可证是由国家有关机关给进出口商签发的允许商品进口或出口的证书，需要与其他单据相符。

5）商检证。商检证、商检放行单。商检证上应有海关放行联。

6）出口收汇核销单。进料、来料加工核销本，要求核对合同号是否与发票相符。

7）索赔、返修协议。索赔、返修协议需要提供正本，合同双方盖章，外方没盖章时可以签字。

8）出口到付付款保证函。凡到付运费的货物，发货人都应提供。

9）海关关封。用于海关内部联系、交接有关单证所使用的印有"海关关封"字样，可以加封的信封，不可以私自拆开。

（2）审核要求。

1）单证是否齐全。基本报关单证：发票、装箱单、报关单等；证明货物合法出口的各种批文。取决于出口货物类别及贸易方式，如配额、商检单；随机文件，一种是航空公司或地面代理根据货物情况要求的文件，如化工品鉴定书、非危保函、无氟证明、磁检报告等，另一种是客户自己要求的随机文件，多为目的港清关文件。

2）内容填写是否完整规范清晰。

3）单证是否单单一致。

（3）整理单证。整理单证的流程如图2-3所示。

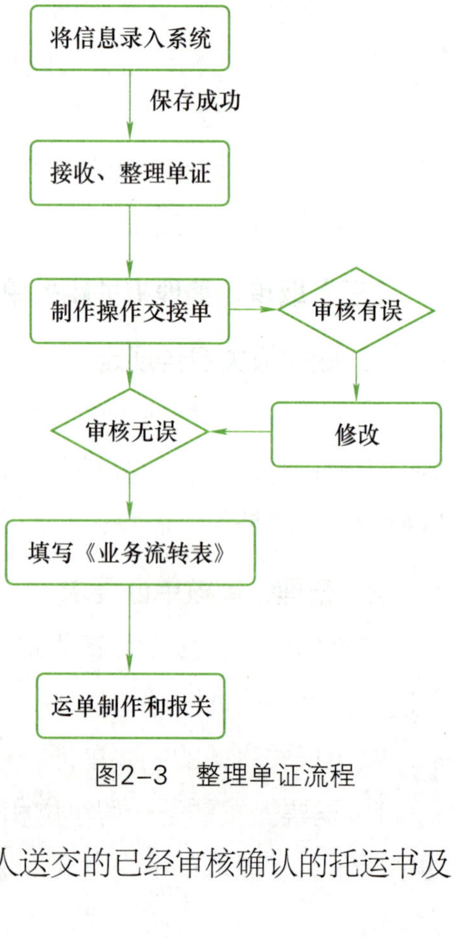

1）操作部将审核好的信息录入公司出口操作系统。录入时应注意如果是现场操作货物，应在备注栏内注明；如果是托盘货物必须录入托盘尺寸；如果是快件货物最好录入货物尺寸。

2）接收、整理单证。接收、整理托运人或其代理人送交的已经审核确认的托运书及

图2-3　整理单证流程

相关报关单证、收货凭证，将计算机中的收货记录与收货凭证核对。

3）制作操作交接单。填上所收到的各种报关单证份数，给每一份交接单配一份主运单或分运单。

4）运单制作和报关。对制作好的交接单、配好的总运单或分运单、报关单证进行确认，填写《业务流转表》，移交下一环节运单制作和报关。

（四）集装货物的基本原则

1. 检查所有待装货物

根据货物的卸机站、重量、体积、包装材料以及货物运输要求，设计货物组装方案。

2. 合理码放货物

大不压小、重不压轻、木箱或铁箱不压纸箱。

同一卸机站的货物应装在同一集装器上，避免货物分散。

3. 集装箱货物码放

（1）集装箱内的货物应码放紧凑，间隙越小越好。在箱内加一些垫舱的隔板。

（2）箱内所装货物的体积不超过集装箱容积的三分之二，且单件货物重量超过150千克时，用绳具将货物固定在集装箱的卡锁轨里。

4. 重货码放

特别重的货物放在下层，底部为金属的货物或底部面积较小重量较大的货物必须使用垫板，以防损害集装板。

5. 集装板货物码放

（1）装在集装板上的货物要码放整齐，上下层货物之间要相互交错，骑缝码放，避免货物与货物坍塌、滑落。

（2）装在集装板上的小件货物，应装在其他货物的中间予以固定，防止其从网套及网眼中滑落；一块集装板上装载两件或两件以上的大货时，货物之间应尽量紧邻码放，尽量减少货物之间的空隙。

6. 探板货物组装

一般情况下不组装低探板货物。确因货物多，需要充分利用舱位且货物包装适合装低探板时，允许装低探板。但是，装低探板货物要按照标准码放，码放货物要合理牢固，网套要挂紧，必要时要用尼龙带捆绑，保证集装货物在运输过程中不发生散落或倾斜。

（五）包机运输相关规定

1. 包机申请

（1）包机人至少提前20天向航空公司提出书面申请。

（2）申请包机时应出示介绍信或个人有效身份证件，并提供货物品名、件数、重量、尺寸、体积、始发站及目的站等。

（3）航空公司根据包机申请人提供的信息确定包机机型与包机价格。

2. 包机运输协议书

包机运输协议书一式五份，一份交包机人，一份随货运单财务联报财务部门审核，一份收运部门留存，一份随货运单存根联留存，一份随货运单运往目的站。

除天气或其他不可抗力原因外，合同双方应履行包机运输合同规定各自承担的责任和义务；包机人应保证托运货物没有夹带危险品或政府禁止运输或限制运输的物品；由于不可抗力导致包机运输合同不能履行，承运人不承担责任；无论何种原因，一方不能如期履行合同时，应及时通知对方。

3. 包机运输注意事项

（1）航路申请。由航空公司负责航路的申请，经有关部门批准后，航空公司应尽快告知包机人准备运输。

（2）运输凭证。每架次包机应填制一份或几份货运单，货运单和包机合同作为包机的运输凭证。

（3）其他注意事项。其他包机运输注意事项如表2-4所示。

表2-4 包机运输注意事项

注意事项	具体内容
第一项	包机人应按时将货物送达指定机场，自行办理检验检疫等手续和托运手续
第二项	包机货物实际重量和体积不得超过包机运输合同中规定的最大可用吨位和体积，否则，承运人有权拒绝运输，由此造成的飞机损失由包机人承担
第三项	由包机人或其受雇人的原因（如货物迟到、装机困难、货物不符合安全要求、卸货不及时等）而造成飞机延误，包机人应承担责任，并对承运人造成的损失承担赔偿责任
第四项	包机人在飞机起飞前取消、变更包机计划，造成承运人损失的，承担赔偿责任
第五项	需要使用集装设备的包机，包机合同应明确集装设备回收方法及包机人应承担的责任
第六项	特殊货物的包机运输，需要经国家有关部门和民航总局批准

（4）包机取消。包机取消依据不同约定的包机起飞前天数退不同比例包机费，具体如表2-5所示。

表2-5 包机取消规定

约定的包机起飞前天数	包机费（应退比例）
7天	100%
3~5天	75%
1~2天	50%
1天	25%

包机人可以在包机航班执行前24小时，以书面形式通知承运人取消航班，但包机人要向承运人付退包费，退包费应从包机费用中由承运人扣减。

如果发生不利于飞行的气候条件、自然灾害、战争、罢工、政局不稳定等不可抗力，以及有可能危害承运人财产及人员生命安全的一切情况，承运人有权取消部分或全部航班。

（5）协议转让。未经承运人同意，包机人不应向第三方转让本协议的任何权利、义务或责任。承运人有权拒绝承运任何可能对飞行安全造成威胁的货物。

（六）装板、装柜作业规定

1. 装板作业

货盘为平板式，装板货物以不规则或无法装到货柜内的货物为主。

2. 装柜作业

装柜货物以不规则、体积较小货物为主，按编制的装柜计划，使货柜容积与重量达到最佳化状态，增加运费收入。

3. 注意事项

（1）不用错集装箱、集装板，不用错板型、箱型。注意机型对装板箱的要求的影响。

（2）不要超装箱板尺寸。

（3）要垫衬，封盖好塑料纸，防潮、防雨淋。

（4）集装箱、板内货物尽可能配装整齐，结构稳定，接紧网索，防止运输途中倒塌。

（5）对大宗货物、集中托运货物，尽可能将整票货物装在一个或几个板、箱内运输。装妥整个板、箱后剩余的货物尽可能拼装在同一箱、板上，防止散乱、遗失。

（七）交单、交货规定

1. 交单规定

将随机单据和应由承运人留存的单据交给航空公司，包括第二联航空运单正本、发票、装箱单、产地证明、品质鉴定证书等。

2. 交货规定

把与单据相符的货物交给航空公司。交货前必须：粘贴或拴挂货物标签，清点和核对货物，填制货物交接清单。大宗货、集中托运货，以整板、整箱称重交接。零散小货按票称重，计件交接。航空公司审单验货后，在交接签单上验收，将货物存入出口仓库，单据交吨控部门以备配舱。

（八）信息服务规定

1. 订舱信息

是否定妥舱位及时告诉货主或委托人，以便及时备单、备货。

2. 审单及报关信息

审阅单证后及时向发货人通告，有遗漏失误及时修正。报关过程中遇到任何问题，应及时通知货主，共商解决。

3. 仓库收货信息

货物送达仓库的时间、货量、体积、缺件、货损情况及时通告货主，以免事后责任划分不清。

4. 交运称重信息

称重过磅过程中，发现重量、体积与货主声明的重量、体积有误，且超过一定比例，须通告货主，求得确认。

5. 航班信息

及时将航班号、日期等航班信息告知货主。

6. 集中托运信息

集中托运货物应将发货信息预报给收货人所在地的国外代理，使对方及时接货、查询、分拨处理。

7. 单证信息

货物发运后，将发货人留存的单据，包括盖有放行章和验讫章的出口货物报关单、第三联空运单正本及用于出口退税的单据交付或寄交发货人。

（九）目的港清关规定

1. 直达目的港

由航空（主）运单上所显示的收货人进行清关，并收取货物。

2. 非直达目的港

将由航空公司负责转运，将货物送至最终目的港，由运单上所显示的收货人进行清关，领取货物。

（十）货物航空运输价格规定

1. 货物公布运价

货物公布运价是指公共航空运输公司对公众公开发布和销售的货物运价，包括普通货物运价、等级货物运价、指定商品运价和集装货物运价。

（1）普通货物运价。普通货物运价是指在始发地与目的地之间运输货物时，根据货物的重量或者体积计收的基准运价。

（2）等级货物运价。等级货物运价是指在某一区域内或者两个区域之间运输某些特定货物时，在普通货物运价基础上附加或者附减一定百分比的运价。

（3）指定商品运价。指定商品运价是指适用于自指定始发地至指定目的地之间运输某些具有特定品名编号货物的运价。

（4）集装货物运价。集装货物运价是指适用于自始发地至目的地使用集装设备运输货物的运价。

2. 货物非公布运价

货物非公布运价是指公共航空运输公司根据与特定组织或者个人签订的协议，有选择性地提供给对方，而不对公众公开发布和销售的货物运价。

任务实践活动

一、实训内容

请你为这批货物制定详细的运输方案。

二、实训步骤

步骤一：请你根据货物的特性判断是否适合航空运输，并说明理由，完成表2-6的填写。

表2-6　货物选择与航空运输适用性分析

货物名称	是否适合航空运输	理由
智能手机配件		
智能手表		

步骤二：查询表2-1中机场三字代码的含义。

打开http://szdm.00cha.net/网页，并在输入栏中输入三字代码，单击【查询】按钮，找到对应机场，如图2-4所示。

图2-4　机场IATA三字代码查询系统

步骤三：请你根据不同航空公司的航班信息、运价、起飞时间、到达时间等因素，为第一批货物选择合适的航空公司，并说明理由：

_____

_____

_____

步骤四：小组分工，了解并熟悉航空公司对货运的相关规定，包括货物包装、单证、文件准备等，确保货物能够顺利运输，并将你们的建议填写到下列横线上：

_____

_____

_____

任务评价

姓名					学号			
实训名称			熟悉航空公司的规定					
考核内容		考核标准		参考分值	学生自评	小组互评	教师评价	考核得分
知识评价	1	了解货运公司的基本情况		10				
	2	了解航班相关资料		10				
	3	掌握航空公司的规定		10				
能力评价	1	能够按照航空公司的规定进行操作完成航空物流相关业务处理		15				
	2	能够主动上网查找航班相关资料并制作表格		10				
素养评价	1	通过制订运输方案，提升逻辑思维与计划性		15				
	2	用软件绘制业务流程，提升信息化素养		15				
	3	了解航空公司规定，遵纪守法、依法合规地完成工作		15				
总得分				100				

课后练习

一、单选题

1. 在航空运输中,如货物包装不符合航空运输相关规定,要求(　　)改进或重新包装后方可收运。

  A. 托运人　　　　　B. 网络货运平台　　C. 实际承运人　　D. 交通运输部

2. 下列关于装板、装柜作业的规定描述,错误的是(　　)。

  A. 装板、装柜作业不能用错集装箱、集装板,可以超装箱板尺寸

  B. 装板、装柜作业要垫衬,封盖好塑料纸,防潮、防雨淋

  C. 集装箱、板内货物尽可能配装整齐,结构稳定,接紧网索,防止运输途中倒塌

  D. 对大宗货物、集中托运货物,尽可能将整票货物装在一个或几个板、箱内运输

3. 集装货物要求箱内所装货物的体积不超过集装箱容积的(　　),且单件货物重量超过150千克时,用绳具将货物固定在集装箱的卡锁轨里。

  A. 三分之二　　　B. 二分之一　　　C. 三分之一　　　D. 五分之三

4. 如果发生不利于飞行的气候条件、自然灾害、战争、罢工、政局不稳定等不可抗力,以及有可能危害承运人财产及人员生命安全的一切情况,(　　)有权取消部分或全部航班。

  A. 承运人　　　　　B. 网络货运平台　　C. 托运人　　　　D. 交通运输部

二、多选题

1. 下列(　　)属于报关审核的主要单证。

  A. 发票　　　　　　　　　　　　B. 装箱单

  C. 报关单　　　　　　　　　　　D. 进出口许可证

2. 下列(　　)不属于航空运输中的订舱信息。

  A. 审单及报关信息　　　　　　　B. 仓库收货信息

  C. 交运称重信息　　　　　　　　D. 集中托运信息

任务二
提供运输文件和单据

任务情境

　　基于情境一的运输策划，A公司已确定第一批货物运输方案并准备发货。在发货前，需要填写航空货运单。运单信息如下：托运人为张荣，联系电话123-45678900，地址为北京市昌平区和谐大街321号，邮编102200。收货人为李刚，联系电话456-12345678，地址为云南省昆明市幸福大街1号，邮编650000。运输运价种类为起码运费，商品代号7326909000，每箱体积101厘米×58厘米×42厘米。请你学习以下内容，填写航空货运单。

知识储备

一、航空货运单的含义

　　航空货运单是由托运人或其委托的承运人填制的一种正式文件，它是托运人与承运人之间就货物在承运人航线上运输所达成合同的法律证据。

二、航空货运单的规定

　　航空货运单通常由托运人提供，然后由航空公司或其代理人代为填写在正式的单据上，并签字加盖公章，传真给物流公司，作为委托和接受委托的依据，否则公司将不办理货运业务。如果客户没有委托书，销售应按委托书要求拟订委托书，并让客户签字回传。

三、航空货运单的填写内容与要求

1. 托运人（Shipper）
填托运人的全称、街名、城市名称、国名、邮编，以及便于联系的电话号或传真号。

2. 收货人（Consignee）
填收货人的全称、街名、城市名称、国名（特别是在不同国家内有相同城市名称时，必须填上国名）以及电话号、电传号或传真号，本栏内不得填写"order"或"to order of the shipper"（按托运人的指示）等字样，因为航空货运单不能转让。

3. 始发站（Airport of Departure）
填始发站机场的全称。

4. 目的站（Airport of Destination）

填目的地机场（不知道机场名称时，可填城市名称）。如果某一城市名称用于一个以上国家时，应加上国名。例如：LONDON UK伦敦，英国；LONDON KY US伦敦，肯达基州，美国；LONDON ONT CA伦敦，安大略省，加拿大。

5. 航班/日期（Flight/Date）

填写货物搭乘的航班及日期。

6. 到达站（To）

分别填入第一（二、三）中转站机场的IATA代码。

7. 承运人（By）

分别填入第一（二、三）段运输的承运人。

8. 运输声明价值（Declared Value for Carriage）

填运输声明价值金额，该价值即为承运人负赔偿责任的限额。承运人按有关规定向托运人收取声明价值费，但如果所交运的货物毛重每公斤不超过20美元（或等值货币），则不用填写声明价值金额。可在本栏内填入"NVD"（NO Valued，未声明价值），如本栏空着未填写时，承运人或其代理人可视为货物未声明价值。

9. 保险金额（Amount of Insurance）

只在航空公司提供代保险业务而客户也有此需要时填写。

10. 处理事项（Handling Information）

填附加的处理要求，例如：另请通知（Also Notify）。除收货人之外，如托运人还希望在货物到达的同时通知他人，请另填写通知人的全名和地址；外包装上的标记；操作要求，如易碎、向上等。

11. 实际毛重（Actual Gross Weight）

重量应由承运人或其代理人称重后填入。如托运人已经填上重量，承运人或其代理人必须进行复核。

12. 运价类别（Rate Class）

针对不同的航空运价共有6种代码，它们是M（Minimum，起码运费）、C（Specific Commodity Rates，特种运价）、S（Surcharge，高于普通货物运价的等级货物运价）、R（Reduced，低于普通货物运价的等级货物运价）、N（Normal，45千克以下货物适用的普通货物运价）、Q（Quantity，45千克以上货物适用的普通货物运价），具体如表2-7所示。

表2-7　运价类别表

序号	代码	运价类别	含义
1	M	Minimum	起码运费
2	C	Specific Commodity Rates	特种运价
3	S	Surcharge	高于普通货物运价的等级货物运价
4	R	Reduced	低于普通货物运价的等级货物运价
5	N	Normal	45千克以下货物适用的普通货物运价
6	Q	Quantity	45千克以上货物适用的普通货物运价

13. 计费重量（千克）（Chargeable Weight/kg）

由承运人或其代理人在量过货物尺寸（以厘米为单位），算出计费重量后填入，如托运人已经填上，承运人或其代理人必须进行复核。

在计算计费重量时，货物的类型（重货、泡货）及重量分界点不同，其计算方式也有所不同。重货通常按实际重量计费，而泡货可能需要根据体积重量来计费。同时，重量分界点的存在使得不同重量段的货物在运费计算上可能存在差异，因此在选择运输方式和计算运费时需要仔细考虑这些因素。

航空货物
运输费用计算

14. 费率（Rate/kg）

本栏可空着不填。

15. 货物品名（包括包装、尺寸或体积）（Description of Goods/incl.Packaging，Dirnensions or Volume）

（1）填写货物的品名和数量（包括尺寸或体积）。

（2）货物中的每一项均须分开填写，并尽量填写详细具体。

（3）本栏所填内容应与出口报关发票、进口许可证上所列明的相符。

（4）危险品应填写适用的准确名称及标识的级别。

16. 托运人或其代理人签字、盖章（Signature of Shipper or His Agent）

托运人或其代理人必须在航空货运单上签字、盖章。

四、航空货运单审核

承运人在接受托运人委托后，应对托运人填写的"航空货运单"的各项内容进行审核，判断该批货物是否可以收运，是否需要修改托运书。审核的内容包括货物的品名、件数、体积大小等并确定计费重量，以初步确定运费；甄别所托货物是否属于危险品；

核实托运人及收货人信息是否齐全，尤其还应注意价格和航班要求。核对无误后，请委托人在托运书上签字确认，双方的委托运输关系正式建立。

（1）审核托运书内容是否齐全清晰。

（2）收发货人、电话/电传/传真号，托运人签字处签名、公章。

（3）标明目的港名称或目的港所在城市名称。

（4）明确"运费预付"或"运费到付"。

（5）货物毛重。

（6）货物类别及对报关、运输的影响。

（7）快件货物的特殊运输要求。

（8）预计货、单到达时间，注意早、晚班机。

任务实践活动

一、实训内容

请你根据所学知识为本次托运完成航空货运单的填写。请将内容填写在表2-8航空货运单中。

表2-8　航空货运单

始发站 Airport of Departure		目的站 Airport of Destination			不得转让　NOT NEGOTIABLE 北京市外企航空服务中心 航空货运单　　　　中国　北京 AIR WAYBILL			
托运人姓名、地址、邮编、电话号码 Shipper's Name, Address, Postcode&Telephone No.					印发人 Issued by			
					航空货运单一、二、三联为正本，并具有同等法律效力。 Copies1, 2 and 3 of this Air Waybill are originals and have the same validity			
收货人姓名、地址、邮编、电话号码 Consignee's Name, Address, Postcode &Telephone No.					结算注意事项　Accounting Information			
					填开货运单的代理人名称 Issuing Carrier's Agent Name			
航线 Routing	到达站 To		第一承运人 By First Carrier		到达站 To	承运人 By	到达站 To	承运人 By
航班/日期 Flight/Date			航班/日期 Flight/Date		运输声明价值 Declared Value for Carriage		保险价值 Amount of Insurance	
储运注意事项及其他　Handling Information and Others								
件数 No.of Pcs. 运价点 RCP	毛重（千克） Gross Weight (kg)	运价种类 Rate Class	商品代号 Comm Item No.	计费重量（千克） Chargeable Weight (kg)	费率 Rate/kg	航空运费 Weight Charge	货物品名（包括包装、尺寸或体积） Description of Goods (incl.Packaging. Dimensions or Volume)	
预付 Prepaid			到付 Colect		其他费用 Other Charges			
	航空运费 Weight Charge				托运人郑重声明：此航空货运单上所填货物品名和货物运输声明价值与实际交运货物品名和货物实际价值完全一致，并对所填航空货运单和所提供的与运输有关文件的真实性和准确性负责。 Shipper certifies that description of goods and declared value for carriage on the face hereof are consistent with actual description of goods and actual value of goods and that particulars on the face hereof are correct.			
	声明价值附加费 Valuetion Charge							
	地面运费 Surface Charge							
	其他费用 Other Charge				托运人或其代理人签字、盖章 Signature of Shipper or His Agent_____			
	总额（人民币） Total (CNY)				填写日期　填写地点　填写人或其代理人签字、盖章 Executed on At Signature of Issuing Carrier or Its Agent_____			
付款方式 Form of Payment					正本3（托运人联）甲 ORIGINAL 3 (FOR SHIPPER)A			

二、实训步骤

步骤一：请填写托运人、收货人、货物等基本信息。

步骤二：请填写航班/日期、到达站、承运人等相关航班信息。

步骤三：填写运费及剩余选项。

这批普通货物（重货）的航空运费计费公式为：航空运费=计费重量×对应运价，请参考航空公司运价表，算出航空运费，并进行航空运费及剩余选项的填写。航空公司运价表如表2-9所示。

表2-9 运价类别表 航空公司运价表（北京至云南昆明）

重量/千克	运费/（元/千克）
M	100
重量小于45千克	30
重量小于100千克	25
大于或等于100千克	18

注：M表示起码运费，如果计算出的航空运费低于M，则按照起码运费标准收取运费。

步骤四：与班内一位同学互相交换"航空货运单"，审核该同学填写是否正确，将你认为有问题的地方写在下面，并给出修改意见：

_____

_____

_____

任务评价

姓名				学号			
实训名称			提供运输文件和单据				
考核内容		考核标准	参考分值	学生自评	小组互评	教师评价	考核得分
知识评价	1	掌握航空货运单的含义	10				
	2	了解航空货运单的填写规定	10				
	3	掌握航空货运单的填写内容与要求	10				
能力评价	1	能够正确填写航空货运单	10				
	2	能够计算航空运费	5				
	3	能够审核航空货运单	10				
素养评价	1	认识到在填写航空货运单和托运单时承担的责任和义务，自觉遵守相关规定和要求	15				
	2	树立诚信意识，确保填写信息的真实性和准确性，维护货物运输的公平和公正	15				
	3	能够理解航空货物运输行业的职业道德规范，自觉遵守行业准则和职业操守	15				
总得分			100				

课后练习

多选题

1. 由于航空货运单基本由航空公司或其（　　　　）代为填制，航空货运单须由（　　　　）自己填写，签字加盖公章，传真给物流公司，作为委托和接受委托的依据，否则公司将不办理货运业务。

    A. 托运人　　　　　B. 承运人　　　　　C. 代理人　　　　　D. 收货人

2. 在填写航空货运单时，托运人（SHIPPER）一栏的填写内容应包括（　　　　）。

    A. 托运人全称　　　　　　　　　　B. 地址

    C. 邮编　　　　　　　　　　　　　D. 便于联系的电话号或传真号

3. 在对托运人填写的航空货运单的各项内容进行审核时，应审核货物的（　　　　）等并确定计费重量，以初步确定运费。

    A. 品名　　　　　B. 件数　　　　　C. 体积大小　　　　　D. 保质期

任务三
航空运输业务流程

熟悉航空公司的规定并提供运输文件和单据后，请你完成此次航空运输的所有业务。请熟悉航空运输业务的流程，完成此次航空运输业务，并完成出口报关手续，确保货物顺利通关并按时登机。

一、接受货主询价

（一）目的地

应向询价货主问明一些货物基础信息；提供客户目的地机场的英文拼写、国际航空运输协会（IATA）机场三字代码及国家，国际航空运输协会标志如图2-5所示。

图2-5 国际航空运输协会标志

（二）起运机场

如北京首都国际机场、昆明长水国际机场等。

（三）重量

毛重和体积重。

（四）询问出运时间或者能送货的大概时间

考虑送货航班对航程有无特殊要求，如是否一定要直达航班，或者走哪家航空公司等。

（五）运费

预付还是到付，核实是否需要门到门服务，如果需要门到门服务，则应提供收货人详细地址才能报价。

（六）货名

核实货物类型以提供相应的运输服务，如是否为危险品，带电货物是否具有MSDS报告（材料安全数据表或化学材料安全评估报告）、DGM（空运化工品安全鉴定报告）等，是否需要做磁检，有些化工品要提供非危保函和化工品鉴定书（正本）。

二、接受货主委托

接到货主托单后，仔细审核托单，主要检查基本的信息是否齐全；确认取货时间和送货方式及保险金额。

三、订舱

缮制委托书，制单时应最大程度保证原始托单数据的正确性、相符性，以减少后续过程的频繁更改，一般发货人、收货人（详细名称、地址、电话等）和品名要填写正确；将委托书传真给代理，并确认有没有收到，如有特殊要求，应再次叮嘱并取得进仓编号和进仓图。

四、进仓

选择由客户自己将货物送进机场的情况，一般要将进仓单提前传给客户，告知进仓编号和进仓地址，单证随货需告知承运方。

五、报关

了解出口货物报关所需资料；填妥对应装箱单，发票，所显示的毛重净重，件数，包装种类，金额，体积，审核报关单的正确性（单证一致）。特别的出口单位，报关单上的"指运港"一栏，如果不能显示为港口，而只能跳出国家，务必在报关单上的"标记唛码及备注"栏打上"指运港：×××"，否则会影响退税；"包装"显示报关单所在货物的"中文品名"，对照海关编码大全，查阅商品编码，审核两者是否相符，按编码确定计量单位，并根据海关所列之监管条件点阅所缺乏报关要件；寄单证或随货单证都必须在封装前仔细核对有没有单证缺失或数据错误；跟踪报关放行情况，确保配载上机。

六、提单确认和修改

同客户确认提单内容的显示，品名需跟相关资料一致。

七、签单

报关放行后，承运方即传真主单和分单，根据主单和分单的信息，缮制提单并传真给客户。主单又称主运单，由相关航空公司印制并出具。主运单开头显著位置会显示相关航空公司名称及相关代码；分单可以称为提单，由货代公司印制并出具。分单开头显著位置会显示相关的货代公司名及相关代码。

八、费用结算

起飞前发账单给客人结算运费。

任务实践活动

一、实训内容

请学习航空运输的基本流程，并完成出口报关相关手续。

二、实训步骤

步骤一：请全面学习航空运输业务流程，并用流程图的形式完成航空运输业务流程的介绍。

步骤二：根据相关信息，尝试完善委托报关协议，如表2-10所示。

表2-10　委托报关协议

委托方	M公司	被委托方		
主要货物名称	××智能手机配件	*报关单编码	No.××××0826145617	
HS编码	8517130000	收到单证日期	年　　月　　日	
进/出口日期	2024年8月26日	收到单证情况	合同□	发票□
报单号	COBL0000005		装箱清单□	提（运）单□
贸易方式	一般贸易		加工贸易手册□	许可证件□
原产地/货源地	北京		其他	
		报关收费	人民币：　　　　元	
其他要求： （可以不填）		承诺说明： （可以不填）		

委托方签章：略
经办人签字：
联系电话：138×××××××
_____年___月___日

被委托方签章：略
报关人员签名：
联系电话：138×××××××
_____年___月___日

步骤三：对于航空物流现阶段的业务流程，你有哪些优化建议？请上网查阅相关资料并小组讨论，将你的建议写在下列横线上：

_____

_____

_____

任务评价

姓名					学号			
实训名称			航空运输业务流程					
考核内容		考核标准		参考分值	学生自评	小组互评	教师评价	考核得分
知识评价	1	掌握航空运输业务流程		10				
	2	了解海关出口货物报关单		10				
能力评价	1	能够复述航空运输业务流程		10				
	2	能够绘制流程图并美化外观		15				
	3	能够上网查询机场的IATA三字代码		10				
素养评价	1	通过运用网络工具，查询并获取机场的IATA三字代码信息，提升信息查询与处理能力		15				
	2	通过绘制流程图并美化，发挥创新思维、提高审美能力		15				
	3	能够明确自己在航空运输业务中的责任与角色，遵守行业规范和职业道德		15				
总得分				100				

课 后 练 习

选择题

1. 在接受货主询价阶段，应向询价货主问明一些货物基础信息，提供客户目的地机场的（　　）及国家。

　　A. 英文拼写　　　　　　　　　　　B. IATA机场三字代码

　　C. 面积　　　　　　　　　　　　　D. 服务热线

2. 在保管阶段，（　　）必须在封装前仔细核对有没有单证缺失或数据错误；跟踪报关放行情况，确保配载上机。

　　A. 到货通知单　　　B. 寄单证　　　C. 随货单证　　　D. 收货单

3. 签单报关放行后，（　　）即传真主单和分单，根据主单和分单的信息，缮制提单并传真给客户。

　　A. 货主　　　　　　B. 托运方　　　C. 承运方　　　D. 客户

项目总结

　　本项目旨在让学生了解航空公司的规定，掌握运输文件和单据的相关内容，掌握航空运输业务流程，能够按照航空公司的规定进行操作完成航空物流相关业务处理，能够正确填写航空运输文件和单据。通过学习，学生能够更好地遵纪守法、依法合规地完成工作，拥抱信息化时代，适应新时代岗位要求，有科学素养，能发现和描述规律，能够应对未来工作的变化，为其未来的职业和个人发展奠定基础。

素质拓展园地

全国两会航空运输保障筹备工作

低空物流：从"遥不可及"到"触手可及"

　　2023年2月23日，时任两会民航运输领导小组组长、民航局副局长吕尔学率队赴北京首都国际机场，督导检查2023年全国两会航空运输保障筹备工作情况。他强调，两会航空运输保障不仅是一项业务工作，更是党和国家赋予民航系统的重大政治任务。各保障单位要认真贯彻落实民航局党组工作部署和宋志勇局长指示要求，一是进一步提高政治站位，坚持以习近平新时代中国特色社会主义思想为指导，深入学习贯彻党的二十大精神，深刻领悟民航工作鲜明政治属性，充分认识做好两会保障工作的重要意义，不断提高政治判断力、政治领悟力、政治执行力，以坚定信心和决心完成好各项工作，实现"确保安全、优质服务、进出顺畅"的保障目标。二是强化底线思维，时刻牢记民航安全事关"国之大者"，坚持"想全、想细、想万一"，做到严格把控运行安全，深入排查安全隐患，坚决落实安保要求，细化完善防疫措施，确保保密工作万无一失。同时，要预留备份方案，充分做好各种风险应对准备，以实际行动确保"两个绝对安全"。三是聚焦保障核心，持续加强与两会总务组的沟通协调，畅通气象预报、航班动态、保障资源等信息传递与共享渠道，强化空管、航司、机场等一线保障单位的协同联动，严格落实"中央八项规定"精神，把精力聚焦在精准服务和务实高效上，坚决高质量完成各项保障工作。

　　吕尔学最后强调，广大干部职工要充分认识到两会航空运输保障的特殊重要性，进一步提高政治站位，坚决扛起使命担当，以"每一次都是第一次"的心态和"时时放心不下"的责任感，昂扬向上、团结奋进，确保以"最高规格、最严措施、最佳状态、最优效果"圆满完成全国两会航空运输保障任务。

项目三

铁路运输业务组织

• • ●

项目背景

　　我国铁路发展水平位居世界前列。2013年，习近平总书记提出共建"一带一路"倡议。中国国家铁路集团有限公司设计了中欧班列、中亚班列与"一带一路"沿线国家共同打造经济融合、文化包容利益共同体。中铁快运股份有限公司开发了"高铁急送"产品，4小时达城市群。各类铁路货运方式的出现，需要更多懂物流、了解铁路运输的行业人才完成铁路运输业务组织。

学习目标

📑 **知识目标**

- 掌握铁路货物运输的特点、分类及不同站隶属集团公司的简称。
- 掌握整车、零散快运和集装箱运输的单据和文件的填写。
- 掌握整车、零散快运和集装箱运输业务流程。

⬆ **能力目标**

- 能够总结描述铁路货物运输的特点，查询不同站的简称，选择合适的货运方式运货。
- 能完成整车、零散快运和集装箱运输的运单填写和运费查询。
- 能描述并画出整车、零散快运和集装箱运输业务流程。

✎ **素养目标**

- 铁路强国，运输强国，提升国家荣誉感和民族荣誉感。
- 铁路货运票据电子化，践行绿色物流理念。
- 拥抱信息化时代，提升信息素养。

任务一
认识铁路货物运输

任务情境

　　李明对铁路特别感兴趣，喜欢拍摄各种各样的机车和车辆，关心铁路行业的发展，了解铁路行业的"新鲜事儿"。刚毕业的李明应聘到"选铁行"货运代理公司工作。公司的师傅在带着李明干具体业务之前，让李明根据自己对铁路行业的了解，做一个PPT展示汇报，内容包括：

　　（1）根据铁路货物运输的特点，写出本公司不同铁路货运方式的宣传语。

　　（2）依据资料，查询大同东站、平顶山东站隶属于哪个集团公司，简称是什么。

　　（3）请分析下列订单可以选择什么货运方式？

　　1）从大同东站到平顶山东站运输58吨无烟煤。

　　2）重要投标文件需要4小时内从北京送到石家庄。

　　3）"一带一路"加持，农特产品出口：贵州省岑巩县周坪村3万千克左右的思州柚尽快运送到俄罗斯莫斯科。

知识储备

一、铁路货物运输定义、分类及特点

　　铁路货物运输是指货物经由铁路实现有目的变更或位移其空间或场所的运输，即铁路作为承运人接受托运人委托，将货物从始发地经由铁路运至目的地交付给收货人。

　　铁路货物运输可分为整车、零散快运和集装箱运输。

　　一批货物的重量、体积或形状需要以一辆以上货车运输的按照整车托运，主要用于煤炭、石油、矿石、钢铁、焦炭、粮食、化肥、化工、水泥等大宗品类物资运输。整车运输是铁路的主要运输方式。

　　一批托运的货物，其重量或体积不需单独一辆货车装载的运输，需要按照零散快运办理。但是以下情况不能按照零散快运办理：

- 散堆装货物。
- 危险货物、超限超重和超长货物。
- 活动物及需要冷藏、保温运输的易腐货物。

- 易于污染其他货物的污秽货物。

- 军运、国际联运、需要在米轨与准轨换装运输的货物。

- 在专用线（专用铁路）装卸车的货物。

集装箱运输具有标准化程度高、装卸作业快、货物安全性好、交接方便等技术优势，是铁水联运、国际联运、内陆铁公联运等多式联运的主要方式，也是中国铁路的重点业务发展方向，可为客户提供门到门运输和全程物流服务。

与其他运输方式相比，铁路货物运输的特点如图3-1所示。

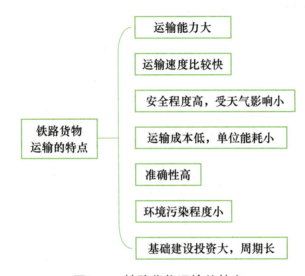

图3-1　铁路货物运输的特点

二、我国铁路货物运输的行业背景

我国铁路有其独特的行业背景，除部分企业自有线外，大部分铁路归国家所有，中国国家铁路集团有限公司（简称"国铁集团"）负责铁路的运营。国铁集团以铁路客货运输为主业，实行多元化经营。负责铁路运输统一调度指挥，统筹安排路网性运力资源配置，承担国家规定的公益性运输任务，负责铁路行业运输收入清算和收入进账管理。

国铁集团下属18个集团公司，每一个集团公司负责相应省市的客货运业务，并有其简称。

国铁集团有三个下属的货物运输相关企业，分别是中铁集装箱运输有限责任公司、中铁快运股份有限公司和中铁特货物流股份有限公司。图3-2所示为国铁集团下属的三个专业运输公司及其主营运输业务。

随堂记

国铁集团18个
集团公司的简称

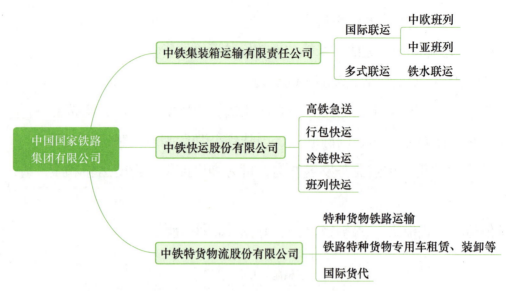

图3-2　国铁集团下属的三个专业运输公司及其主营运输业务

中铁集装箱运输有限责任公司有国际联运、多式联运等相关业务。国际联运包括中欧班列和中亚班列。中铁集装箱运输有限责任公司负责国铁集团的中欧班列和中亚班列的经营服务，提供集装箱国际货运代理、单证制作、报关报检、接取送达、堆存保管等服务。此外，中铁集装箱运输有限责任公司与国内各大港口和知名船公司共同开展铁水多式联运项目，目前有乌西—塘沽、读书铺—防城港、昆明东—钦州港等29条铁水联运运输线。

中铁快运股份有限公司依托高铁列车、客车行李车、特快货运班列、普速货运列车等资源及铁路货运场站、物流园区等仓储基地，提供高铁急送、行包快运、冷链快运、班列快运、国际快运、仓储和接取送达等业务。

中铁特货物流股份有限公司主要经营特种货物的铁路运输及货物的装卸、仓储、配送、流通加工、包装、信息服务；铁路特种货物专用车及相关设备的租赁；铁路特种货物专用车装卸，加固用具的生产、销售、租赁；铁路运输设备、设施、配件的制造、安装、维修等。

三、车辆和集装箱

不同的货物类型需要选择不同的运输车辆或集装箱，货运代理在提出货运需求时，需要了解货物适合的车辆类型或集装箱类型。

（一）棚车

棚车，简称"P"，设有车顶和门、窗（或通风口），可防止雨水进入，是供运输各种需要防止湿损、日晒或散失的货物的车辆。除通用型棚车外，还有活动顶棚车、活动侧墙棚车等，用于运送怕日晒、雨淋、雪侵的货物，包括各种粮谷、日用工业品及贵重仪器设备等。一部分棚车还可以运送人员和马匹。

（二）敞车

敞车，简称"C"，是指具有端壁、侧壁、地板而无车顶，向上敞开的货车，供运输各种不用严格防止湿损、日晒的货物的车辆，主要供运送煤炭、矿石、木材、钢材等大宗货物用，也可用来运送重量不大的机械设备。

（三）平车

平车，简称"N"，无车顶和车厢挡板，底架承载面一般为一平面。根据可装载货物的不同，可分为通用平车、集装箱专用平车和平车—集装箱共用车等车型。装卸较方便，主要用于装运大型机械、集装箱、钢材、大型建材等，必要时可装运超宽、超长的货物。

（四）罐车

罐车，简称"G"，主要为横卧圆筒形，也有立置筒形、槽形、漏斗形，是铁道上用于装运气、液、粉等货物的主要专用车型。

（五）长大货物车和特种车

长大货物车和特种车是供运输重量特重、长度特长或体积庞大的货物的专用车辆。其车辆长度一般在19米以上，车体结构特殊。

（六）集装箱

集装箱，是能装载包装或无包装货进行运输，并便于用机械设备进行装卸搬运的一种成组工具。通用集装箱为20英尺（1英尺=0.3048米）和40英尺两种，还有其他专用集装箱。集装箱运输具有标准化高、密封性好、破损率低、集约化、规模化、班轮化、成本低、质量好等优点，大大提高了货物运输的安全和效率。

任务实践活动

一、实训内容

请结合互联网资源，了解铁路行业背景，描述铁路运输的特点和运载工具的特点，制作PPT完成师傅交给李明的任务。

二、实训步骤

步骤一： 总结铁路运输的特点，写出本公司不同铁路货运方式的宣传语，如图3-3所示。

宣传语	

图3-3　不同铁路货运方式的宣传语

步骤二： 学习"18个集团公司的简称"二维码资源，打开"中国铁路95306"网站，找到"车站查询"界面，查询大同东站、平顶山东站隶属于哪个集团公司，简称是什么？"车站查询"界面如图3-4所示。

图3-4　"车站查询"界面

步骤三： 根据对不同铁路货运方式的了解，选择合适的运输方式填写到表3-1不同货运需求对应的铁路货运方式表中。

表3-1　不同货运需求对应的铁路货运方式表

货运需求	铁路货运方式
从大同东站到平顶山东站运输58吨的无烟煤	
重要投标文件需要4小时内从北京送到石家庄	
贵州省岑巩县周坪村3万千克左右的思州柚尽快运送到俄罗斯莫斯科	

步骤四： 做出PPT，向师傅展示汇报。

任务评价

姓名				学号			
实训名称			认识铁路货物运输				
考核内容		考核标准	参考分值	学生自评	小组互评	教师评价	考核得分
知识评价	1	掌握铁路运输的特点	10				
	2	明确不同车站隶属的不同集团公司	5				
	3	掌握铁路运输的分类	10				
能力评价	1	能够根据铁路运输特点写出不同铁路货运方式宣传语	10				
	2	能够查询不同车站隶属集团公司的简称	10				
	3	能够确定不同货物适合的铁路运输产品	10				
素养评价	1	提升总结提炼水平	15				
	2	立足"中国铁路95306"官方网站，查询信息，提升信息化素养	15				
	3	提升分析货运方式区别的能力	15				
总得分			100				

课 后 练 习

一、单选题

1. 中国国家铁路集团有限公司下属的三个货物运输公司中，（　　　）负责中欧班列，服务"一带一路"沿线国家。

　　A. 中铁集装箱运输有限责任公司　　　　B. 中铁快运股份有限公司

　　C. 中铁特货物流股份有限公司　　　　　D. 中国铁路北京局集团有限公司

2. （　　　）开发"高铁急送"产品，城市群内4小时送达，城市群间8小时送达。

　　A. 中铁集装箱运输有限责任公司　　　　B. 中铁快运股份有限公司

　　C. 中铁特货物流股份有限公司　　　　　D. 中国铁路北京局集团有限公司

3. （　　　）供运送煤炭、矿石、木材、钢材等大宗货物用，也可用来运送重量不大的机械设备。

　　A. 棚车　　　　　　B. 平车　　　　　　C. 敞车　　　　　D. 集装箱

4. （　　　）主要用于装运大型机械、集装箱、钢材、大型建材等，必要时可装运超宽、超长的货物。

　　A. 棚车　　　　　　B. 平车　　　　　　C. 敞车　　　　　D. 集装箱

二、多选题

1. 下列是铁路货物运输的特点的有（　　　　）。

　　A. 安全程度高，受天气影响小　　　　B. 基础建设投资大，周期长

　　C. 运输成本低，单位能耗小　　　　　D. 准确性高

2. 下列（　　　　）选项的货物，即使重量不足40吨且体积不足80米^3，也不能按照零散快运运输。

　　A. 危险货物、超限超重和超长货物

　　B. 活动物及需要冷藏、保温运输的易腐货物

　　C. 易于污染其他货物的污秽货物

　　D. 在专用线（专用铁路）装卸车的货物

任务二
提供运输文件和单据

任务情境

师傅听了李明的PPT展示汇报，非常满意。在展示汇报任务中，第三个问题中的三个货运需求正是目前公司接受的三个业务。师傅希望李明学习办理三个业务，帮助货主提供运输相关的文件和单据。

（1）从大同东站到平顶山东站运输58吨无烟煤。

（2）重要投标文件需要4小时内从北京送到石家庄。

（3）"一带一路"加持，农特产品出口：贵州省岑巩县周坪村3万千克左右的思州柚尽快运送到俄罗斯莫斯科。

知识储备

在铁路货运票据电子化改革前，货运票据有30种之多，票据采用纸质的形式，容易造成货运票据的损坏、丢失和传递不及时，也浪费人力和纸张，效率低下。

2017年12月1日，铁路货物运单、货票两单合一，启用新版货物运单；2017年12月22日，铁路货运票据电子化试运行；2018年3月28日，铁路货运票据电子化正式实施。货主或者货运代理可以在"铁路95306"App和"中国铁路95306"网站进行业务办理，流程追踪和电子交付。

一、整车运输的单据和文件

选择整车运输的货物，需要在"中国铁路95306"网站上提交运输需求，装车日期确定时，可以选择"装车日期确定"，若不确定，可以选"装车日期未定"，确定后，系统中填写装车日期，如图3-5所示。

图3-6所示为整车运输发送业务需求填报，共分为七个部分，以下逐一介绍每一部分的填报办法。

"发货信息"：需要填写"发货信息"，在"托运人"中填写托运人的姓名和身份证号；在"发站"中填写发货站的名称，依据发货站，填写"发局"；确定"装车地点""装车日期""经办人"等信息。可在装车地点后勾选"进货通知"，若可以进货，系统会发出提醒。

图3-5　依据"装车日期"不同的选择

"货物信息"：根据货物情况，选择填写货物信息，如是否为危险货物，是否混装，是否怕湿，颗粒度大小等。

"收货信息"：此部分填写项目与"发货信息"类似。

"运输信息"：依据货物的重量或其他情况，确定需要几辆整车，确定"车种"（敞车、棚车、平车等），车种确定后，确定"车型""吨数"（整车运输中，每车按照60吨计算，也可以根据实际需求填写），也需要选择是否需要装载加固材料、是否需要仓储、是否需要冷藏保温、是否需要保价运输。

"支付设置"："中国铁路95306"官网提供了六种支付方式，货主或货运代理人员可以根据实际情况选择合适的支付方式。运输过程中，可能会产生杂费，提报运输需求时，可以选择托运人缴到站杂费，也可选择收货人缴到站杂费，勾选即可。

"增值税信息"：如果需要开具发票，可以在"增值税信息"中填写发票信息，获取电子发票。

"两端物流"：在铁路货运中，发货人将货物运送到车站站场，收货人去站场取货，即为"站到站"。如果不是发货人将货运送到车站，收货人到车站取货的方式，可以选择"两端物流"，方便货主或发货人收发货物。

"其他快捷功能"键有"历史单据快捷录入""运费试算""保费试算"等功能。

图3-6 整车运输发送业务阶段需求填报

二、零散快运的单据和文件

零散快运在填写运输需求时，生成运单与整车运输整体相似，"货物信息"填写不同，需要填写货物的重量、体积和包装信息，如图3-7所示。

货物信息

* 货物名称1		包装1		件数1	
* 总重量1	kg	保价金额1	元	计费重量1	kg
单件最大重量1	kg	单件最大长/宽/高1	长 X 宽 X 高		cm
总体积1	m³				
货物名称2		包装2		件数2	
总重量2	kg	保价金额2	元	计费重量2	kg
单件最大重量2	kg	单件最大长/宽/高2	长 X 宽 X 高		cm
总体积2	m³				

图3-7 零散快运的"货物信息"填写

除了普通的零散快运，中铁快运于2023年5月开发了"高铁急送"货运产品。"高铁急送"在国内主要城市间，以高铁载客动车组列车为干线动力，高效衔接同城取送货骑手，提供速度快、时效准、品质优的门到门当日服务，主要服务于商务函件、标书合同、生鲜礼品、贵重物品、急用药品和个人物品等紧急运输需求。城市群内平均4小时当日送达，跨城市群平均8小时当日送达。

首先需要关注"中铁快运"微信公众号，选择"发货"—"高铁急送"，填写发货人信息、收货人信息和物品信息后，选择取货和送货方式，即可提出运输需求，如图3-8所示"高铁急送"下单界面。下单后，可在"中铁快运"公众号中追踪货品。

图3-8 "高铁急送"下单界面

三、集装箱运输的单据和文件

我国国内的确定装车日期的集装箱运输需要首先在"中国铁路95306"网站填写需求信息，包括托运人和收货人的信息，装车日期和集装箱箱型，接着需要关联订车订单，如图3-9所示。

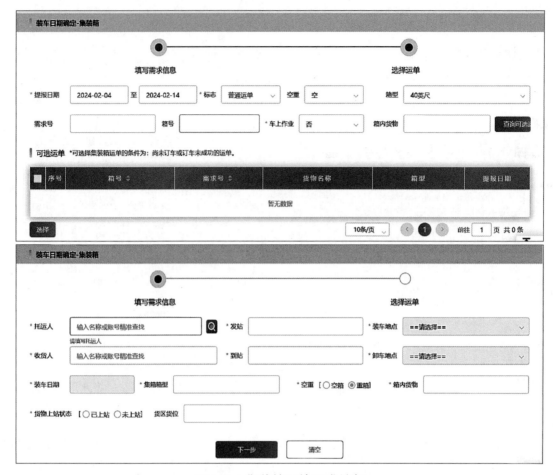

图3-9　集装箱运输需求填报

铁路集装箱运输还有国际的班列，如中欧班列。中欧班列是指按照固定车次、线路、班期和全程运行时刻开行，往来于中国与欧洲以及"一带一路"沿线各国的集装箱等国际铁路联运班列。

托运人可以在"中欧班列"官方网站提交"发货意向"。鉴于中欧班列横跨不同国家，目前运输单据为纸质单据。中欧班列运单有6联，分别为：

1）运单正本。

2）运行报单。

3）货物交付单。

4）运单副本。

5）货物接收单。

6）货物到达通知单。

运单正本和货物到达通知单给收货人；运行报单随货物一起到达目的站，显示货物的运行路线，途径口岸站会加盖印章，标注途径日期、时间等，是划分运送责任、清算运费、统计运量和运费收入的原始凭证，它随货物到站并留存到达铁路。没有编号的补充运行报单交每个国境国家的出口站留存；货物交付单随货物一起到达目的站，一般做"放行单"用；运单副本用于运输合同的签订、外汇核销等，留给组织发运的平台公司；货物接收单留给始发站承运人，即收取货物并组织发运的铁路货运站。运单正本如图3-10所示。

1 运单正本								29 批号		

（给收货人）

国际货协运单—缔约承运人—

	1 发货人	2 发站
	签字	3 发货人的声明
	4 收货人	

5 到站

			8 车辆由何方提供　9 载重量
			10 轴数　11 自重　12 罐车类型

6 国境口岸站	7 车辆	8	9	10	11	12	换装后
							13 货物重量　14 件数

15 货物名称	16 包装种类	17 件数	18 重量（千克）	19 封印	
				数量	记号
				20 由何方装车	
				21 确定重量的方法	

22	承运人	（区段自/至）	车站代码

23 运送费用的支付

24 发货人添附的文件

25 与承运人无关的信息，供货合同号码

26 缔结运输合同的日期	27 到达日期	28 办理海关和其他行政手续的记载

图3-10　中欧班列运单正本

任务实践活动

一、实训内容

请根据"知识储备"中的内容，结合互联网资源，提交运输需求，完成相关文件和单据的填写。

二、实训步骤

步骤一： 从大同东站到平顶山东站运输58吨无烟煤。

李明还得到了如下信息：

托运人：张三-110102197×××××2345，从铁路货场装货。

经办人：李四-110101197×××××1234，手机为12345671234。

收货人：王五-110102197×××××5678，卸车地点为铁路货场。

支付方式为网银支付，托运人支付杂费，不需要开具发票，两端物流为场到场物流。

请你根据上述信息，打开"中国铁路95306"官方网站或"铁路95306"App，注册账号，填写整车运输发送业务阶段需求填报，并查询相关运费。填写时，要分析以下内容：

（1）无烟煤的货物特征，颗粒度。

（2）根据无烟煤的特征，选择正确的铁路运输车辆（车种）。

步骤二： 重要投标文件需要4小时内从北京送到石家庄。

李明还得到如下信息：

发货人信息：张三，北京市西城区广安门外大街10号，手机号为12345678901。

收货人信息：李四，石家庄市裕华区塔北路106号，手机号为12345678911。

请关注"中铁快运"微信公众号，填写订单信息，查询相关运费。

步骤三： "一带一路"加持，农特产品出口：贵州省岑巩县周坪村3万千克左右的思州柚尽快运送到俄罗斯莫斯科。

李明还得到如下信息：

农特产品柚子需要采用冷链物流运输，选择冷链集装箱运输，途中需要关注集装箱内温度。

发货站为成都，经过满洲里出境，到达俄罗斯莫斯科。

发货人：张三，成都市解放路20号。

收货人：柯秋莎，莫斯科解放路10号。

包装种类为纸箱，发货人支付运送费用，供货合同号码为：12345678。

参考《国际货约/国际货协运单指导手册》中各国内国际车站的代码和对运单填写的要求，完成中欧班列运单正本的填写，并查询相关运费。

任务评价

姓名					学号			
实训名称			提供运输文件和单据					
考核内容		考核标准	参考分值	学生自评	小组互评	教师评价	考核得分	
知识评价	1	掌握整车运输运单填写内容和运费查询方法	10					
	2	掌握零散快运运单填写内容和运费查询方法	5					
	3	掌握集装箱运输运单填写内容和运费查询方法	10					
能力评价	1	能够填写整车运输运单和查询运费	10					
	2	能够填写零散快运运单和查询运费	10					
	3	能够填写集装箱运输运单和查询运费	10					
素养评价	1	铁路运单电子化，践行绿色物流	15					
	2	立足行业官网，查询信息，提升信息化素养	15					
	3	分析货物运输要求，提升分析能力	15					
总得分			100					

课后练习

多选题

1. 铁路货运票据电子化改革的优点有（　　　　）。

    A. 减少货运票据的损坏、丢失和传递不及时

    B. 减少纸张浪费

    C. 优化铁路货运流程，提高效率

    D. 便于各类数据的统计

2. 关于"高铁急送"产品，下列说法正确的是（　　　　）。

    A. "高铁急送"产品是由中铁快运股份有限公司运营的

    B. "高铁急送"不需要用到城市的同城取送货骑手

    C. 城市群内平均4小时当日送达，跨城市群平均8小时当日送达

    D. "高铁急送"适合运送高附加值的货物，运费较高

3. 关于"中欧班列"运单，下列说法正确的是（　　　　）。

    A. 中欧班列运单有3联

    B. 运单正本和货物到达通知单给收货人

    C. 货物接收单留给始发站承运人

    D. 中欧班列运单不需要纸质运单，全程电子化

任务三
铁路运输业务流程

任务情境

　　李明向师傅汇报了整车、零散快运和集装箱运输的文件和单据以及运费查询，师傅认为李明用信息化手段解决问题的能力不错。师傅希望李明掌握铁路运输的业务流程，能以三个案例为例描述流程。

　　（1）从大同东站到平顶山东站运输58吨无烟煤。

　　（2）重要投标文件需要4小时内从北京送到石家庄。

　　（3）"一带一路"加持，农特产品出口：贵州省岑巩县周坪村3万千克左右的思州柚尽快运送到俄罗斯莫斯科。

知识储备

图3-11　整车运输业务流程

一、整车运输的业务流程

　　整车运输的业务流程如图3-11所示，首先需要提报运输需求，提报方法有三种：第一种为登录"中国铁路95306"网站或者"铁路95306"App，在线自助提报运输需求；第二种可以拨打95306电话，直接向铁路客服人员提出发货需求；第三种可以到货运站现场，向现场的铁路货运工作人员提出发货需求。

　　确定上货时间、上货地点、装车方案后，根据铁路货运业务受理平台显示的运费额提交运费，办理上货装车。由铁路货运工作人员完成途中作业和到达作业。托运人和收货人可以通过两种方式获取货物在途信息，非注册用户可以在网站首页通过货物追踪服务，输入运单号等信息，查看货物最新状态轨迹；注册客户可登录"中国铁路95306"网站进入【全程追踪-国内货物追踪】或【国联货物追踪】页面，查询货物的全程物流轨迹信息。

　　收货人可以携带托运人设置的领货密码领货。收货人也可在"中国铁路95306"网站设置领货人，领货人可携带身份证原件领货。领货时可能需要支付到站杂费，领取货物。

二、零散快运运输流程

零散快运和整车运输的业务流程大体相似，只是货物检查的地点为办理站营业点，货物需要等待其他货主的货物，科学配载，才可装车运输，具体流程如图3-12所示。

三、集装箱运输流程

国内的集装箱运输流程与整车运输流程大体一致，只是在提交需求时，需要确定是否使用铁路提供的集装箱，如果需要使用，需要预订空箱。

图3-12 零散快运运输业务流程

国际集装箱运输，以中欧班列为例，运输流程如图3-13所示。有中欧班列运输需求的客户需要与中铁集装箱运输有限公司签订运输合同，下达委托，合适种类的集装箱配给客户后，完成装箱和制作运单，货物发运和口岸转关，最终到达目的地，完成交付和还箱。

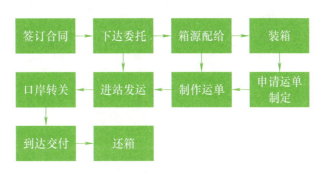

图3-13 中欧班列运输业务流程

任务实践活动

一、实训内容

请根据"知识储备"中的内容，结合互联网资源，描述流程，并完成"高铁急送"的业务流程。

二、实训步骤

步骤一： 从大同东站到平顶山东站运输58吨无烟煤。

以此案例为例，描述整车运输的作业流程，尝试用通用画图软件（如Word、Visio、Boardmix等）画出整车运输作业流程，提交"货物轨迹查询"两种方法的界面截图。以Word为例，单击插入，可以选择流程图需要的形状和线条，拖动形状和线条即可绘制流程图，Word相关功能的图片如图3-14所示。

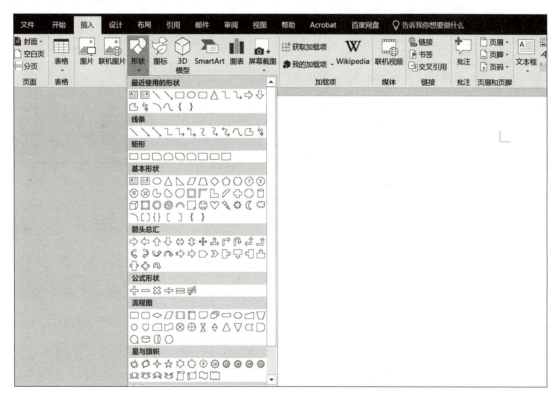

图3-14　Word中选择流程图形状和线条

步骤二： 重要投标文件需要4小时内从北京送到石家庄。

分析"高铁急送"运输产品，用通用画图软件画出"高铁急送"产品的运输流程。

步骤三： "一带一路"加持，农特产品出口：贵州省岑巩县周坪村3万千克左右的思州柚尽快运送到俄罗斯莫斯科。

以此案例为例，描述中欧班列的运输作业流程，用通用画图软件画出中欧班列的运输作业流程，查询运输时限，集装箱去程和返程使用价格差别，分析原因。查询贵州省岑巩县周坪村思州柚使用中欧班列运输的原因。

任务评价

姓名				学号			
实训名称		铁路运输业务流程					
考核内容		考核标准	参考分值	学生自评	小组互评	教师评价	考核得分
知识评价	1	掌握整车运输业务流程	10				
	2	掌握零散快运业务流程	5				
	3	掌握集装箱运输业务流程	10				
能力评价	1	能够描述并画出整车运输业务流程图	10				
	2	能够描述并画出零散快运业务流程图	10				
	3	能够描述并画出集装箱运输业务流程图	10				
素养评价	1	描述中欧班列业务流程，提升语言表达能力	15				
	2	利用通用软件绘制业务流程，提升信息化素养	15				
	3	分析不同货运方式流程，提升分析能力	15				
总得分			100				

课 后 练 习

一、判断题

1. 没有注册中国铁路95306账号信息的发货人不可以查询货物在途信息。 （ ）

2. 只有收货人本人可以领取货物。 （ ）

3. 收货人可以凭借密码领取货物。 （ ）

4. "高铁急送"运输过程结合了高铁和同城骑手闪送两种运输方式的优点，做到了高效运输。 （ ）

5. 中欧班列中国到国外集装箱使用费用去程高于回程，是为了防止空箱和运输能力的浪费。 （ ）

二、多选题

下列（ ）是提报货运运输需求的办法。

A. 登录中国铁路95306网站

B. 登录"铁路95306"App

C. 拨打95306电话

D. 到货运站现场，向现场的铁路货运工作人员提出发货需求

项目总结

本项目立足我国国有铁路运输背景，阐述了铁路货物运输的特点，介绍了铁路货物运输中的整车运输、零散快运和集装箱运输的分类、运输需求提报、运输单据文件填写、运费查询途径和运输业务流程。

依托铁路运输系统智能化，铁路货运票据电子化的行业背景，本项目践行绿色物流理念，采用智能化、电子化的手段完成货物运输，提升学生信息化素养。本项目选取的"中欧班列"案例，促进了贸易往来与经济发展，深化了文化交流与友谊，提升了学生的民族自豪感和荣誉感。

素质拓展园地

我国铁路运输位列世界前列。

中欧班列是按照固定车次、线路、班期和全程运行时刻开行，运行于中国与欧洲以及"一带一路"共建国家间的集装箱等铁路国际联运列车，是深化国家与沿线国家经贸合作的重要载体和推进"一带一路"建设的重要抓手。中欧班列2023年全年开行1.7万列、发送190万标箱，同比分别增长6%、18%；西部陆海新通道班列全年发送86万标箱，同比增长14%。中欧班列已通达欧洲20多个国家，超过200个城市，正成为中国与"一带一路"相关国家政策沟通、设施联通、贸易畅通、资金融通、民心相通的重要桥梁。

大秦铁路，简称大秦线，世界最著名的重载铁路之一，是中国华北地区一条连接山西省大同市与河北省秦皇岛市的国铁Ⅰ级货运专线铁路，也是中国境内首条双线电气化重载铁路、首条煤运通道干线铁路。大秦铁路牵引质量可达3万吨，列车长度可达1.5千米。大秦铁路使中国铁路形成了一整套具有自主知识产权的重载运输技术体系，让中国成为世界上少数几个掌握3万吨重载技术的国家之一。大秦铁路以中国铁路1%的营业里程完成了全国铁路20%、全国13%的煤炭运量；中国五大发电集团、349家主要电厂、十大钢铁公司、26个省市自治区、6000多家大中型企业和上亿居民的生产生活都依赖大秦铁路。

青藏铁路，简称青藏线，是一条连接青海省西宁市与西藏自治区拉萨市的国铁Ⅰ级铁路，是中国新世纪四大工程之一，是通往西藏腹地的第一条铁路，也是世界上海拔最高、线路最长的高原铁路。青藏铁路建设面临着三大世界铁路建设难题：千里多年冻土的地质构造、高寒缺氧的环境和脆弱的生态。青藏铁路突破了技术难题，成功建设出世界上海拔最高、穿越冻土里程最长的高原铁路。

项目四
水路运输业务组织

项目背景

　　自"一带一路"倡议提出以来中国已同150余个国家和30多个国际组织签署了200余份共建"一带一路"合作文件。随着"一带一路"倡议的推进，各参与国家间的贸易量大幅增加，由于商品交易增加所带来的商品运输大部分通过海运完成，由此促进了海运市场的发展和繁荣。国家鼓励海运企业开辟新的海上航线、加密航线和班次，完善沿线国家间海运服务网络，与沿线国家在海运领域开展更多的战略合作。

学习目标

知识目标

- 了解船舶航线和航次。
- 掌握班轮运输及租船运输的概念、特点及业务流程。
- 熟悉海运进出口单证的种类，理解海运提单的性质、作用及种类。
- 掌握货运单证的流转过程。

能力目标

- 会看船期表。
- 会填制订舱委托书、提单等运输单据。
- 能组织海运业务流程。

素养目标

- 具备良好的沟通表达能力、团队协作能力。
- 具有法律意识及诚实守信的职业道德。
- 具有终身学习的理念，能不断学习新政策，具有科学决策能力。

任务一
熟悉船公司的规定

任务情境

王明毕业后进入扬帆货运公司实习，2023年10月9日，弘信商贸公司委托扬帆货运公司代为办理儿童运动鞋出口业务。扬帆货运公司需要协助弘信商贸公司将一批儿童运动鞋从青岛出口到印度孟买，产品信息如下。品名：儿童运动鞋（Kids' Sneakers）。数量：2300双。合同价值：32076.76美元。王明的师傅将任务派给王明，王明了解到具体的工作任务后开始接手这单业务。

知识储备

一、船舶航线和航次

（一）航线

在两个或两个以上港口之间从事货物运输的具体线路称为航线。确定航线是指船公司考虑相关因素后对船舶在两个或两个以上港口之间从事货物运输的具体线路的选择。

（二）航次

航次是指船舶在营运中完成一次运输生产任务的周期。在实际工作中，一般从船舶在终点港卸货（或下客）完毕时起，经装货（或上客）后，驶至新的终点港卸货（或下客）完毕时止为一个航次。一个航次所经历的时间称为航次时间。班轮运输中的航次及其途中的挂靠港在船公司的船期表中可以查看。

（1）航次是船舶运输生产活动的基本单元，是航运企业考核船舶运输生产活动的投入与产出的基础。

（2）航次是船舶从事货物运输的一个完整过程，即一种生产过程，包括装货准备、装货、海上航行、卸货等完成货物运输任务的各个环节。

（3）对于客船、货船、驳船，航次起止时间的规定是：自上一航次终点港卸空货物（或者下完客）时起，至本航次终点港卸空所载货物（或者下完客）时止，即为本航次的起止时间。

（4）船舶一旦投入运营，所完成的航次在时间上是连续的，即上一航次的结束，意味着下一航次的开始，除非船舶进坞维修。

二、船公司的经营方式

（一）班轮运输

班轮运输又称为定期船运输，指船公司将船舶按事先制定的船期表，在特定航线上以既定的港口顺序，有规律地从事航线上各港口间货物运送的船舶运输。

班轮运输可分为两种形式：一种是定航线、定船舶、定挂靠港、定到发时间、定运价的班轮运输，通常称为"五定班轮"；另一种是定航线、不严格定期的班轮运输，称为"弹性班轮"。

1. 班轮运输的特点

（1）船舶按照固定的船期表，沿着固定的航线和港口来往运输，并以相对固定的运费率收取运费。

（2）运价包括装卸费用，承运人负责配载装卸，船货双方不计算滞期费和速遣费。

（3）船货双方的权力、义务、责任、豁免以船方签发的提单条款为依据，受统一的国际公约的制约。

（4）承运的货物品种、数量比较灵活，货运质量较高，一般在码头仓库交接货物，为货主提供了较为便利的条件。

2. 班轮运输的作用

（1）有利于一般杂货和不足整船的小额贸易货物的运输。班轮只要有舱位，不论数量大小、挂港多少、直运或转运都可接受承运。

（2）由于"四固定"的特点，班轮运输时间有保证，运价固定，为贸易双方洽谈价格和装运条件提供了方便，有利于开展国际贸易。

（3）班轮运输长期在固定航线上航行，有固定设备和人员，能够提供专门的、优质的服务。

（4）由于事先公布船期、运价费率，有利于贸易双方达成交易，减少磋商内容。

（5）手续简单，货主方便。由于承运人负责装卸和理舱，托运人只要把货物交给承运人即可，省心省力。

3. 班轮运输责任划分

班轮承运人是指班轮运输合同中提供船舶并负责运输的当事人。托运人是在班轮运输合同中委托承运人运输货物的当事人。

船东、船公司、船代、货代的区别

随堂记

班轮运费计算

承运人最基本的义务是按合理的期限将货物完整无损地运到指定地点，并交给收货人。托运人的基本义务是按约定的时间、品质和数量准备好托运的货物，保证船舶能够连续作业，并及时支付有关费用。

承运人同托运人责任和费用的划分界限一般在船上吊杆所能达到的吊钩底下，换言之，托运人将货物送达吊钩底下后就算完成交货任务，然后由承运人负责装船。但风险的划分一般以船舷为界，即货物在装运港越过船舷以前发生的风险由托运人负责，越过船舷以后的风险由承运人负责。

4. 船期表

船期表就是船舶航行靠泊时间表，也称为班期表，如图4-1所示。

（1）船期表的作用。船期表有利于招揽航线途经港口的货源；有利于船舶、港口、货物之间的及时衔接，缩短船舶在挂靠港的停留时间，加快货物的送达速度，提高港口作业的效率；有利于提高班轮公司航线经营计划的质量。

（2）船期表的主要内容包括航线，船名，航次编号，始发港、中途港、终点港的港名，到达和驶离各港的时间，其他有关的注意事项等。

中东航线 MEX4 SERVICE
蛇口 逢周三00:00升仓，周日08:00截重，12:00截放行条

船名	航次	蛇口 SHEKOU		新加坡 SINGAPORE		杰贝阿里 JEBEL ALI		巴林 Bahrain		达曼 Damman		苏哈尔 Sohar(E)	
		ETA TUE	ETD WED	ETA SUN	ETD MON	ETA WED	ETD FRI	ETA SAT	ETD SUN	ETA SUN	ETD MON	ETA WED	ETD THU
航程	天数	0		4		14		16		18		21	
CMA CGM AQUILA	0MDC1W1MA	09/30	10/01	10/05	10/06	10/15	10/17	10/17	10/18	10/19	10/20	10/22	10/23
APL OREGON	0MDC3W1MA	10/07	10/08	10/12	10/13	10/22	10/24	10/24	10/25	10/26	10/27	10/29	10/30
BLANK		10/14	10/15	10/19	10/20	10/29	10/31	10/31	11/01	11/02	11/03	11/05	11/06
CMA CGM TOSCA	0MDC7W1MA	10/21	10/22	10/26	10/27	11/05	11/07	11/07	11/08	11/09	11/10	11/12	11/13
CMA CGM MUSCA	0MDC9W1MA	10/28	10/29	08/05	08/06	08/15	08/17	08/17	08/18	08/19	08/20	08/22	08/23

图4-1 某运输公司中东航线船期表

5. 班轮运输业务流程

班轮运输的业务流程主要包括如图4-2所示的内容。

揽货 → 订舱 → 装船 → 卸货 → 交付货物

图4-2 班轮运输业务流程

（1）揽货。揽货是指从事班轮运输经营的船公司为使自己所经营的班轮运输船舶能在载重量和舱容上得到充分利用，力争做到"满舱满载"，以期获得最好的经营效益而从货主那里争取货源的行为。

（2）订舱。订舱是指托运人或其代理人向承运人，即班轮公司、营业所或代理机构等申请货物运输，承运人对这种申请给予承诺的行为。订舱之后，船舶公司根据预订舱进行船舶配载。承运人与托运人之间不需要签订运输合同，而是通过口头或订舱函电进行预约。只要船公司对这种预约给予承诺，并在舱位登记簿上登记，即表明承托双方已建立有关货物的运输关系。

（3）装船。装船是指托运人将其托运的货物送至码头承运船舶的船边并进行交接，然后将货物装到船上。如果船舶是在锚地或浮筒作业，托运人还应负责使用自己或租用的驳船将货物装到船上，亦称直接装船。一些特殊的货物，如鲜活货物、危险品、贵重物品等多采用直接装船的方式。

（4）卸货。卸货是指将船舶所承运的货物在卸货港从船上卸下，在船舶交给收货人或代理收货人并办理货物的交接手续。卸货时，船方和装卸公司应根据载货清单和其他有关单证认真卸货，避免发生差错。关于因误卸而引起的货物延迟损失或货物的损坏转让问题，一般提单条款中都有规定，通常规定因误卸发生的补送、退运的费用由船公司负担，但对因此而造成的延迟交付或货物的损坏，船公司不负赔偿责任。如果误卸是因标志不清、不全或错误，以及因货主的过失造成的，则所有补送、退运、卸货和保管的费用都由货主负担，船公司不负任何责任。

（5）交付货物。交付货物是指船公司凭提单将货物交付给收货人的一种行为。交付货物的方式有仓库交付货物、船边交付货物、货主选择卸货港交付货物、变更卸货港交付货物、凭保证书交付货物等。

（二）租船运输

租船运输又称为不定期运输，是相对于班轮运输而言的另一种国际航运经营方式。这种经营方式需要在市场寻求机会，没有固定的航线和挂靠港口，也没有预先制定的船期表和费率表，船舶经营人与需要船舶运力的租船人是通过洽谈条件、签订租船合同来安排运输的。

1. 租船运输的特点

（1）租船运输是根据租船合同组织运输的，船舶所有人和船舶承租人共同商定合同条款，双方签订租船合同后安排船舶运营。

（2）租船运输的租金水平或运费高低受签订租船合同时的航运市场行情波动的影响。

（3）租船运输中有关船舶营运的费用及开支，取决于租船的方式，船舶所有人和船舶承租人共同承担，并在租船合同中说明。

（4）租船运输不定航线，不定船期。

船舶
理货员的一天

随堂记

（5）租船运输适宜大宗货物运输，例如矿石、粮谷、煤炭、木材等，且一般为整船装运。

（6）各种租船合同均有相应的标准合同格式。

2. 租船运输的种类

租船运输的种类如表4-1所示。

表4-1　租船运输的种类

类别	概述	特点
航次租船	航次租船又称定程租船，是一种由船舶所有人向租船人提供特定的船舶，在特定的两港或数港之间进行一个特定的航次或几个航次承运特定货物的方式	（1）船舶的运营调度由船舶所有人负责，且船舶在运行过程中产生的一切费用均由船舶所有人承担 （2）航次租船的"租金"通常称为运费，运费按货物的数量及双方商定的费率计收 （3）在租船合同中规定装、卸费用由船舶所有人还是承租人承担，明确装、卸时间的计算方法，并计算滞期费和速遣费
定期租船	定期租船又称期租船，是指由船舶所有人按照租船合同的约定，在约定时间内将船租给承租人使用的租船运输方式	（1）船舶的运营调度由承租人负责，并负责燃料费、港口费等与运营相关的费用 （2）租金按船舶的载重吨位、租期长短以及合同中双方商定的费率计收
包运租船	包运租船是指船舶所有人向承运人提供一定吨位的运力，在确定的港口之间，按事先约定的时间、航次周期和每航次较为均等的运量，完成合同规定全部货运量的一种租船方式	（1）包运租船运费按船舶实际装运货物的数量及商定的费率计收，通常按航次结算 （2）包运租船合同中不指定船舶的船名及国籍，仅规定船舶的船级、船舶技术规范等，船舶所有人必须根据这些要求提供能够完成合同规定每航次货运量的运力
光船租船	光船租船又称船壳租船，在租期内，船舶所有人只提供一艘空船给承租人，除了收取租金外，对船舶和其经营不再承担任何责任和费用	（1）船舶所有人只提供一艘空船，全部船员由承租人配备并听从承租人的指挥 （2）承租人负责船舶的经营及运营调度工作，并承担在续期内的时间损失，即承租人不能"停租"

3. 租船运输业务流程

租船运输业务流程主要包括如图4-3所示的内容。

图4-3　租船运输业务流程

（1）询盘。询盘是指承租人根据自己对货物运输的需要或对船舶的特殊要求，通过租船经纪人寻求所需要的船舶，即货求船。

（2）报盘。报盘也称报价或发盘，是出租人对承租人询盘的回应。报盘又分实盘与虚盘。实盘为报盘条件不可改变，并附加时效的硬性报价；虚盘则是可磋商、修改的报价。

（3）还盘。还盘是询价双方通过平等谈判、协商、讨价还价的过程。

（4）接受。通过双方的谈判，最后达成一致意见即可成交。成交后交易双方当事人应签署一份"订租确认书"，就商谈租船过程中双方承诺的主要条件予以确认，对于细节问题还可以进一步商讨。

（5）签订租船合同。签订订租确认书只是一种合同意向，正式租船合同要按租船合同范本的规范进行编制，明确租船双方的权利和义务，双方当事人签署后即可生效。

随堂记

任务实践活动

一、实训内容

请根据王明所接受的货物运输任务，选择合适的水路运输经营方式。如采用班轮运输方式则需要将船期表航线信息分享到学习小组；如采用租船运输方式进行运输则将租船运输业务流程分享到学习小组。

二、实训步骤

步骤一：分析并总结水路运输船舶的经营方式及特征，完成图4-4所示的水路运输船舶经营方式思维导图。

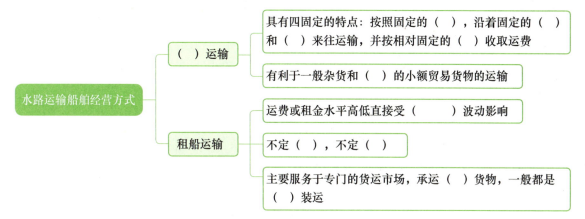

图4-4　水路运输船舶经营方式思维导图

结论，王明认为选择_____（水路运输船舶经营方式）更为合适。

步骤二：访问船运公司官方网站，进入网站后，寻找"船期表""航班信息"或"SAILING SCHEDULE"等相关页面，输入起运港、目的港、计划开船时间等查询条件，进行查询，如图4-5、图4-6所示。

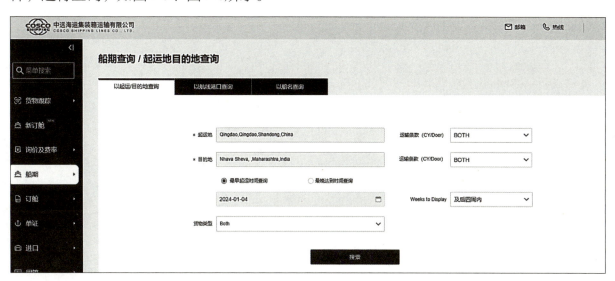

图4-5　查询船期表

图4-6　船期表

步骤三：小组内每位成员选择船期表内任意一条航线，将船名、航次、出发港、目的港、离港时间、到港时间等信息整理分享。

任务评价

姓名				学号			
实训名称			熟悉船公司的规定				
考核内容		考核标准	参考分值	学生自评	小组互评	教师评价	考核得分
知识评价	1	掌握班轮运输的特点及作用	10				
	2	了解租船运输的特点及种类	10				
	3	掌握船期表的作用与主要内容	10				
能力评价	1	能够描述并画出班轮运输业务流程	10				
	2	能够描述并画出租船运输业务流程	10				
	3	能够根据业务内容及客户要求合理选择运输方式及经营方式	10				
素养评价	1	根据客户要求，为客户选择合适的运输方案，提升服务意识及服务能力	10				
	2	利用软件绘制业务流程思维导图，提升信息化素养	15				
	3	分析并总结水路运输船舶的运营方式及特征，提升分析能力	15				
总得分			100				

课后练习

一、单选题

1. 班轮运输的特点之一是（　　　）。
    A. 船、货双方的权利、义务、责任、豁免，以船方签发的提单条款为依据
    B. 不定航线，不定船期
    C. 主要服务于专门的货运市场，承运大宗货物，如谷物、矿石等
    D. 租船人负责船舶的营运

2. 班轮运输的业务流程是（　　　）。
    A. 询盘、接受、订舱、装船、交付货物
    B. 询盘、还盘、报盘、接受、签订合同
    C. 揽货、订舱、装船、卸货、交付货物
    D. 询盘、接受、还盘、报盘、签订合同

3. 租船运输的业务流程是（　　　）。
    A. 报盘、询盘、还盘、接受、签订租船合同
    B. 询盘、还盘、报盘、接受、签订租船合同
    C. 询盘、接受、还盘、报盘、签订租船合同
    D. 询盘、报盘、还盘、接受、签订租船合同

4. 若海运货物需要以固定的间隔时间运输出去，则宜采用（　　　）运输方式。
    A. 航次租船　　　　B. 班轮　　　　C. 包运租船　　　　D. 光船租赁

二、多选题

1. 租船运输的种类有（　　　）。
    A. 航次租船　　　　B. 定期租船　　　　C. 光船租船　　　　D. 包运租船

2. 班轮运输的特点有（　　　）。
    A. 船舶按照固定的船期表，沿着固定的航线和港口来往运输
    B. 以相对固定的运费率收取运费
    C. 主要服务于专门的货运市场，承运大宗类货物
    D. 承运的货物品种、数量比较灵活

3. 船期表的主要内容包括（　　　）。
    A. 航线　　　　B. 船名　　　　C. 装货港　　　　D. 中途港

任务二
提供运输文件和单据

任务情境

弘信商贸有限公司（HONGXIN TEADING CO., LTD. 地址：35 Taizhan road, Ningxia Road Zone, Shibei District, Qingdao）与印度孟买HA童鞋有限公司（INDIA MUMBAI HA KIDS' SHOES CO., LTD. 地址：91-B Cawasji Patel Street MUMBAI: INDIA）经过反复磋商与谈判后，从价格、装卸条款、货款结算、保险及相关费用等方面达成一致。双方于2023年2月4日签订了交易合同，约定2024年3月2日前弘信商贸有限公司将2300双童鞋（型号：A112-B）运送到印度孟买HA童鞋有限公司。请根据相关信息提示，完成订舱委托书。

知识储备

一、海运单证

海运单证是在海运进出口业务中应用的运输文件和单据，是完成货物交付、运输、保险、商检、结汇等工作的重要依据，是运输信息传递的载体。

（一）主要海运单证

1. 托运单

托运单（Booking Note，B/N），是托运人根据贸易合同和信用证条款内容填制的，向承运人或其代理办理货物托运的单证。承运人根据托运单的内容，结合航线、船期和舱位等条件考虑，认为合适后，即接受托运。托运单是承运人和托运人之间对托运货物的合约，其记载了托运人与承运人双方的权利义务。承运人签收后，一份给托运人当收据，货物的责任从托运人转至承运人，直到收货人收到货物为止。如发生托运人向承运人要求索赔时，托运单为必备的文件。托运单虽未明确有关双方权利义务和责任豁免的具体条款，但它意味着双方同意以该公司签发的提单条款为依据。

2. 装货单

装货单（Shipping Order，S/O）是接受托运人提出装运申请的船公司签发给托运人的用以命令船长将承运的货物装船的单据。它既能用作装船的依据，又是货主用以向海关办理出口货物申报手续的主要单据之一，所以又叫关单。对于托运人来讲，它是办妥货物托运的证明。对船公司或其代理来讲是通知船方接受装运该批货物的指示文件。

3. 海运提单

海运提单简称提单（Bill of Lading，B/L），是船方或其代理人签发的，证明已收到货物，允许将货物运至目的地，并交付给托运人的书面凭证。它是承运人和托运人之间的契约证明，在法律上具有物权证书的效用。

4. 装货清单

装货清单（Loading List，L/L）是船公司或其代理根据装货单留底联，将全船待装货物分卸货港后按货物性质归类，依挂靠港顺序排列编制的装货单的汇总单。

5. 舱单

舱单也称"载货清单"（Manifest，M/F），舱单是指在货物装船完毕之后，由船公司根据收货单或提单编制的，主要内容包括船名及国籍、开航日期、装货港及卸货港，同时应逐票列明所载货物的详细情况。

S/O、B/L、D/O的区别

6. 运费清单

运费清单（Freight Manifest）又称运费舱单或随船舱单，它是船舶装载的出口货物的有关资料及其运费的汇总清单，也是船方的随船单证之一。

7. 提货单

提货单（Delivery Order，D/O）是船舶公司或其代理凭收货人持有的提单或保证书而签发的提货凭证，收货人可凭此单证到仓库或船边提取货物。

（二）海运进出口单证的流转程序

（1）托运人向代理公司办理货物托运手续，代理公司同意承运后，签发装货单（S/O），并要求托运人将货物送至指定的装船地点。

（2）托运人持代理公司签发的装货单和二联（收货单）送海关办理出口报关手续。然后，装货单和收货单送交理货公司。

（3）代理公司根据S/O留底编制装货清单（L/L）送船。

（4）船上大副根据L/L编制货物配载图（C/P）交代理公司分送理货、装卸公司按计划装船。

（5）托运人将货物送码头仓库，期间商检和海关到港口检验、验关。

（6）货物装船后，理货组长将S/O和收货单（M/R）交大副核对无误后，留下S/O，签发收货单。

（7）理货组长将大副签发的M/R交托运人。

（8）托运人持M/R到代理公司处支付运费（在预付运费情况下）提取海运提单（B/L）。

（9）代理公司审核无误后，留下M/R，签发B/L给托运人。

（10）托运人持B/L到议付银行结汇，议付银行将B/L邮开证银行。

（11）代理公司编制载货清单（M/F），向海关办理船出口手续，并将M/F交船随带。

（12）代理公司根据B/L副本编制出口载货运费清单（F/M），连同B/L副本送交船公司，并邮寄或交船代交卸货港的代理公司。

（13）卸货港的代理公司接到船舶抵港电报后，通知收货人船舶到港日期。

（14）收货人到银行付清货款，取回B/L。

（15）卸货港代理公司根据装货港代理公司寄来的货运单证，编制进口载货清单等卸货单据，约定装卸公司，联系泊位，做好卸货准备工作。

（16）卸货港代理公司办理船舶进口报关手续。

（17）收货人向卸货港代理公司付清应付费用后，以正本提单换取提货单（D/O）。

（18）收货人持D/O送海关办理进口报关手续。

（19）收货人持D/O到码头仓库提取货物。

（三）订舱委托书

订舱委托书是承运人或其代理人在接受发货人或货物托运人的订舱时，根据发货人的口头或书面申请货物托运的情况安排集装箱货物运输而编制的单证，如图4-7所示。

出 口 货 物 订 舱 委 托 书	日期 月 日		
1) 发货人	4) 信用证号码		
	5) 开证银行		
	6) 合同号码	7) 成交金额	
	8) 装运口岸	9) 目的港	
2) 收货人	10) 转船运输	11) 分批装运	
	12) 信用证有效期	13) 装船期限	
	14) 运费	15) 成交条件	
	16) 公司联系人	17) 电话/传真	
3) 通知人	18) 公司开户行	19) 银行账号	
	20) 特别要求		
21) 标记唛码　22) 货号规格　23) 包装件数　24) 毛重　25) 净重　26) 数量　27) 单价　28) 总价			
29) 总件数　　30) 总毛重　　31) 总净重　　32) 总尺码　　33) 总金额			
34) 备注			

图4-7　出口货物订舱委托书

1. 订舱委托书的性质和作用

（1）订舱委托书是订舱的申请书，也是船公司定舱配载的依据。

（2）订舱委托书是托运人与承运人之间运输契约的书面记录。

（3）订舱委托书是承运人签发提单的依据。

2. 订舱委托书的填写与缮制

发货人一般应在装运前10天制好出口货物托运单或明细单，送交承运公司办理托运手续。托运单的主要内容及缮制要求如下：

（1）发货人（托运人）——填写出口公司（信用证受益人）。

（2）收货人——填写信用证规定的提单收货人。

（3）通知人——填写信用证规定的提单通知人。

一般在订舱委托书上会注明托运人、收货人、通知人，将来船公司签发的提单上相应栏目的填写也会参照订舱委托书的写法。因此，这三栏的填写应该按照信用证提单条款的相应规定填写（具体可以参见提单条款的填制方法）。

（4）信用证号码——填写相关交易的信用证号码。

（5）开证银行——填写相关交易的信用证开证银行的名称。

（6）合同号码——填写相关交易的合同号码。

（7）成交金额——填写相关交易的合同总金额。

（8）装运口岸——填写信用证规定的起运地。如信用证未规定具体的起运港口，则填写实际装港名称。

（9）目的港——填写信用证规定的目的地。如信用证未规定目的港口，则填写实际卸货港名称。

（10）转船运输——根据信用证条款，如允许分批，则填"YES"，反之，则填"NO"。

（11）分批装运——根据信用证条款，如允许分批，则填"YES"，反之，则填"NO"。如信用证未对转船和分批作具体的规定，则应该按照合同规定填写。

（12）信用证效期——填写信用证的有效期。

（13）装运期限——填写信用证规定的装运期限。

（14）运费——根据信用证提单条款的规定填写"FREIGHT PREPAID"（运费预付）或"FREIGHT TO COLLECT"（运费到付）。

（15）成交条件——填写成交的贸易术语，如："FOB"（离岸价格）"CIF"（到岸价格）"CFR"（成本加运费）等，根据实际情况填写。

（16）特别要求——如果托运人有特殊要求，可以填在这一栏中。

（17）标记唛码——填写货物的装运标志，即通常所说的"唛头"。

（18）货号规格——填写货物描述。

（19）总件数、总毛重、总净重、总尺码、总金额——按货物的实际情况填写。

（20）备注——如有其他事项可填入"备注"栏中。

（四）海运提单

海运提单简称提单，是船方或其代理人签发的，证明已收到货物，允许将货物运至目的地，并交付给托运人的书面凭证。它是承运人和托运人之间的契约证明，在法律上具有物权证书的效用，海运提单样本如图4-8所示。

1 Shipper		B/L No.
		SEA GOLD TRANSPORTATION, INC. 金海国际航运有限公司 **Combined Transport BlLL of LADING**
2 Consignee		RECIVED in apparent good order and condition except as otherwise noted the total number of containers or other packages or units enumerated below for transportation hereof. One of the bills of lading must be surrendered duty endorsed in exchange for the goods or deliver order. On presentation of this document duly endorsed to the Carrier by or on behalf of the holder of the bill of lading. the rights and liabilities arising in accordance with the terms and conditions her of shall, without prejudice to any rule of common law or statute rendering them binding on the Merchant, become binding in all respects between the Carrier and the Holder of the bill of lading as though the contract evidenced herby had be made between them.
3 Notify Party		
4 Pre-carriage by	5 Place of Receipt	
6 Ocean Vessel Voy.No.	7 Port of Loading	
8 Port of Discharge	9 Place of Delivery	REFERENCE No.

Marks & Nos. Container Seal No.	No of Containers or P'kgs	Kind of Packages: Description of Goods	Gross Weight kgs	Measurement (CBM)
		Declared Cargo value USD_____per Clause 5 on the reverse of this bill of lading. If Merchant enters a value. Carrier's per package limitation of liability shall not apply and the ad valorem rate in Carrier's tariff will be charged.		

10 TOTAL NO. OF CONTAINERS OR PACKAGES (IN WORDS)

11 FREIGHT & CHARGES	Per	Prepaid	Collect	

EX.Rate:	Prepaid at	Payable at	Place and date of Issue
	Total Prepaid	No.of Original B(s)/L	Signed for the Carrier

图4-8　海运提单样本

1. 海运提单的性质与作用

（1）货物收据。提单是承运人或其代理人签发的货物收据，用来证明承运人已经收到或接管提单上所列的货物。

（2）物权凭证。提单是一种货物所有权的凭证，在法律上具有物权证书的作用。船货抵达目的港后，承运人应向提单的合法持有人交付货物。提单可以通过背书转让货物的所有权。

（3）运输契约的证明。提单是承运人与托运人之间订立的运输契约的证明。提单条款明确规定了承运人和托运人之间的权利、责任和豁免，一旦发生争议，双方据此进行解决。

2. 海运提单的种类

（1）按货物是否装船分类。按货物是否装船，海运提单可分为已装船提单（Shipped or Board B/L）和收货待运提单（Received for Shipping B/L）。

1）已装船提单，是指货物装上船后签发的提单，凭大副装船后所签收货单签发。

2）收货待运提单，是指承运人虽已收到货物但尚未装船时签发的提单，装船后由船公司加注船名、日期，变成已装船提单。

（2）按运输方式分类。按运输方式的不同，海运提单可分为直达提单（Direct B/L）、转船提单（Transshipment B/L）、联运提单（Through B/L）、多式联运提单（MT B/L）。

1）直达提单，是指货物自装货港装船后，中途不换船，直接驶到卸货港卸货时所签发的提单。

2）转船提单，是指装货港的载货船舶不直接驶往目的港，必须在转船港换装另一艘船舶运达目的港时所签发的提单。

3）联运提单，货物需要经两段或两段以上运输才能运达目的港，而其中有一段必须是海运，如海陆联运、海空联运或海海联运时签发的提单称为联运提单。

4）多式联运提单，是指货物由海上、内河、铁路、公路、航空等两种或多种运输方式进行联合运输而签发的适用于全程运输的提单。

（3）按提单抬头（收货人）分类。按提单抬头（收货人）的不同，海运提单可分为记名提单（Straight B/L）、不记名提单（Bearer B/L）、指示提单（Order B/L）。

1）记名提单，是指在收货人一栏内列明收货人名称的提单，又称收货人抬头提单，这种提单不能用背书方式转让，货物只能交与列明的收货人。

2）不记名提单，是指在提单上不列明收货人名称的提单，谁持有提单，谁就可凭提单向承运人提取货物，承运人交货的对象就是提单持有人。

3）指示提单，是指提单上不列明收货人，可凭背书进行转让的提单。在收货人一栏中填写"凭指示（TO ORDER）"。指示提单有凭托运人指示、凭收货人指示和凭进口方银行指示等种类，因此需要托运人、收货人或进口方银行背书后方可转让或提货。

（4）按有无批注分类。按有无批注，海运提单可分为清洁提单（Clean B/L）和不清洁提单（Unclean B/L）。

1）清洁提单，是指承运人或船方在收到货物或装载货物时，货物或外包装没有某种缺陷或不良情况的提单。在对外贸易中，银行为安全起见，在议付货款时均要求提供清洁提单。

2）不清洁提单，是指承运人在提单上加注货物或包装状况不良或存在缺陷等批注的提单。除非买方授权，否则银行一般不接受不清洁提单。

（5）按提单格式分类。按提单格式的不同，海运提单可分为全式提单（Long Form B/L）和简式提单（Short Form B/L）。

1）全式提单，是指既有正面内容，又在背面印有承运人与托运人的权利、义务等详细条款的提单。全式提单是一种最常用的提单。

2）简式提单，是指仅保留全式提单正面的必要内容，而没有背面条款的提单。

（6）按商业习惯分类。按商业习惯的不同，海运提单可分为过期提单（Stale B/L）、倒签提单（Ante-Dated B/L）、预借提单（Advanced B/L）、顺签提单（Post-Date B/L）、货代提单（House B/L）和舱面提单（On Deck B/L）。

1）过期提单，是指卖方向当地银行交单结汇的日期与装船开航的日期相距太长，导致银行虽正常邮寄，但收货人不能在船到达目的港前收到的提单。

2）倒签提单，是指承运人应托运人的要求，签发提单的日期早于实际装船日期，以符合信用证对装船日期的规定，便于在该信用证下结汇的提单。

3）预借提单。它是指信用证规定的装运日期和议付日期已到，货物因故未能及时装船，而由托运人出具保函，要求承运人签发的已装船提单。若信用证未规定最迟装运日期，则银行将不接受表明装运日期迟于信用证的到期日的提单。

4）顺签提单。它是指货物装船完毕后，承运人应托运人的要求，以晚于该票货物实际装船完毕的日期作为签发提单的日期，以符合合同关于装船日期规定的提单。

5）货代提单。它是指由货运代理人（无船承运人）签发的提单。

6）舱面提单，或称"甲板货提单"，是指货物装载于船舶露天甲板上，并注明"甲板上"字样的提单。

3. 提单的缮制与填写

（1）提单的名称。必须注明"提单"（Bill of Lading）字样。

（2）提单的份数。整套正本提单注有份数。全套提单（Full Set B/L或Complete Set B/L）是指承运人签发的提单正本，通常为一份、两份或三份。如果信用证要求"2/3 Original B/L"，即指承运人签发提单正本三份，受益人凭全套正本提单的其中两份办理结汇。

（3）托运人（Shipper）的名称和营业所。填写出口商信息，信用证没有特殊规定时应填写信用证受益人（Beneficiary）的名称和地址，如果信用证要求以第三者为托运人，则必须按信用证的要求予以缮制。

（4）收货人（Consignee）的名称。收货人的指定关系到提单能否转让及货物的归属问题。收货人名称一栏必须按信用证的规定填写。如果信用证规定提单直接做成买主（即申请人）或开证行的抬头，则不可再加"Order of"字样。

（5）通知方（Notify Party）。须填写符合信用证规定的名称和地址、电话号码等。被通知人即为进口方或进口方的代理人。

（6）海运船只（Ocean Vessel）。按实际情况，填写承担本次运输货物的船舶的名称和航次。若是收货待运提单，则待货物实际装船完毕后记载船名。

（7）装货港（Port of Loading）。填写货物实际装船的港口名称，即启运港。

（8）卸货港（Port of Discharge）。填写海运承运人终止承运责任的港口名称。

（9）标志和号码（Marks and Nos），又称唛头，是提单与货物联系的主要纽带，是收货人提货的重要依据，必须按信用证或合同的规定填写。无唛头规定时可注明"NO MARKS"（N/M）。

（10）包装种类和件数，货名（Number and Kind of Packages, Description of Goods）。按货物是散装货、裸装货还是包装货的实际情况填写。

（11）毛重和尺码（Gross Weight and Measurement）。填写各货物的毛重和体积（尺码）。

（12）合计件数（Total Number of Container or Packages）。填写货物的毛重总数和体积总数（必须用大写）。提单上关于货物的描述必须与商业发票上的货物描述一致，货物件数应按实际装货件数填写。

（13）运费和其他费用（Freight and Charges）。填写运费及额外的附加费用。

（14）运费支付地点（Freight Payable at）应按信用证的规定填写。

（15）签单地点和日期（Place and Date of Issue）。提单签发地为装运港所在城市的名称，签发日期为货物交付承运人或装船完毕的日期。

（16）提单的签发。提单必须由船长、承运人或承运人的代理人签字盖章。

（17）提单右上方的"B/L NO."是承运人或其代理人按承运人接受托运货物的先后次序或按舱位入货的位置编排的号码。

（18）提单印有"已装船"（Shipped in apparent good order and condition on board...）字样的，无须加"装船批注"（On board notation）字样；印有"收妥待运"（Received in apparent good order and condition for shipment..）字样的则必须再加"装船批注"字样并加上装船日期。

（19）提单印有"intended vessel" "intended port of loading" "intended port of discharge"及/或其他"intended…"等不肯定的描述字样者，则必须加注"装船批注"字样，其中应注明实际装货的船名、装货港口、卸货港口等项目，即使预期（intended）的船名和装卸港口并无变动，也应重复注明。

（20）提单不能有"不清洁"批注（unclean clause），即对所承载的该批货物及其包装情况有缺陷现象的批注。

（21）关于转船，可根据信用证要求填制。

（22）提单上的任何涂改、更正，都必须加具提单签发者的签章。

🌱 知识拓展

电子提单，指通过电子数据交换（EDI）系统传递的有关海上货物运输合同数据生成的无纸"提单"。电子提单不同于传统提单，它是无纸单证，即按照一定规则组合而成的电子数据。各有关当事人凭密码通过EDI进行电子提单相关数据的流转，既解决了因传统提单晚于船舶到达目的港，不便收货人提取货物的问题，也防止了利用传统提单进行海运欺诈的行为，是"有纸贸易"向"无纸贸易"演变的重要内容。电子提单具有一定的交易安全性，因而有着广阔的应用前景。

2023年2月，非营利化组织DSCA（数字化货柜航运协会）郑重承诺适用电子提单，其中成员包括地中海航运公司、Maersk、CNA CGM、长荣、Ocean Network Express（ONE）等国际知名航运公司。

任务实践活动

实训内容

请结合运输货品信息帮助王明完成图4-9订舱委托书的填制，货品信息如下：

货物名称：儿童运动鞋（KIDS' SNEAKERS）。

货号规格：HK#12 AIR。

货物总体积：53.1米^3。

货物总重：3150千克。净重：2912千克。

单价：USD260 PER PC CIF MENG MAI。

货物数量：46箱，2300双。

订舱信息：

贸易术语详细
责任划分和费用

（1）运费：2170美元。

（2）请装配11月10日开船到孟买的2个20尺普柜。

（3）提前三天在堆场提箱。

（4）不允许转船和分批装运。

装运港：青岛港（QING DAO）。

目的港：那瓦西瓦港（NHAVA SHEVA）。

销售确认书编号：LSJ0011258。

信用证编号：0201271702038457。

开证银行：中信银行。

信用证失效日期：2023年11月24日。

交单期有效期：15天。

出 口 货 物 订 舱 委 托 书			日期　月　日
1）发货人	4）信用证号码		
	5）开证银行		
	6）合同号码	7）成交金额	
	8）装运口岸	9）目的港	
2）收货人	10）转船运输	11）分批装运	
	12）信用证有效期	13）装船期限	
	14）运费	15）成交条件	
	16）公司联系人	17）电话/传真	
3）通知人	18）公司开户行	19）银行账号	
	20）特别要求		

21）标记唛码 22）货号规格 23）包装件数 24）毛重 25）净重 26）数量 27）单价 28）总价
29）总件数 30）总毛重 31）总净重 32）总尺码 33）总金额
34）备注

图4-9　出口货物订舱委托书

任务评价

姓名					学号			
实训名称			提供运输文件和单据					
考核内容		考核标准		参考分值	学生自评	小组互评	教师评价	考核得分
知识评价	1	了解主要海运单证的作用		10				
	2	清楚海运单证的流转过程		10				
	3	清楚海运提单的性质与作用		10				
	4	了解海运提单的种类		10				
能力评价	1	能够正确填制订舱委托书		15				
	2	能够缮制海运提单		15				
素养评价	1	良好的沟通能力		10				
	2	良好的团队合作精神		10				
	3	良好的专业行为规范		10				
总得分				100				

课后练习

一、单选题

1. 以下提单不可以转让的是（　　　）。
    A. 不记名提单　　　B. 记名提单　　　C. 指示提单　　　D. B&C

2. 在出口业务中，出口商完成装运后，凭（　　　）向船公司换取正式提单。
    A. 发货单　　　　B. 收货单　　　C. 大副收据　　　D. 商业发票

3. 必须经过背书才能转让的提单是（　　　）。
    A. 指示提单　　　B. 清洁提单　　　C. 记名提单　　　D. 不记名提单

二、多选题

1. 按提单对货物表面状况有无不良批注，可分为（　　　　）。
    A. 清洁提单　　　B. 转船提单　　　C. 联运提单　　　D. 不清洁提单

2. 按照提单收货人抬头的不同，提单可分为（　　　　）。
    A. 已装船提单　　　B. 指示提单　　　C. 记名提单　　　D. 不记名提单

任务三
水路运输业务流程

任务情境

王明已经为客户弘信商贸有限公司要运输的货物选择好以班轮运输方式运输，现在需要组织货物运输，王明根据货物出口流程，协调装运港和目的港的相关人员完成此次海运工作。王明开始办理接单后的一切手续。

知识储备

海运分班轮运输和租船运输，集装箱运输是典型的班轮运输，集装箱班轮运输是当今国际贸易中最常用的货物运输方式之一。它的高效性、安全性和经济性为全球贸易的发展发挥了重要的作用。以下重点介绍集装箱班轮运输业务运作流程。

一、海运集装箱发运（出口）货物运输业务

在实际操作中，各国、各港口的操作习惯不尽相同，但集装箱海运出口业务基本都包括如图4-10所示的几个环节。

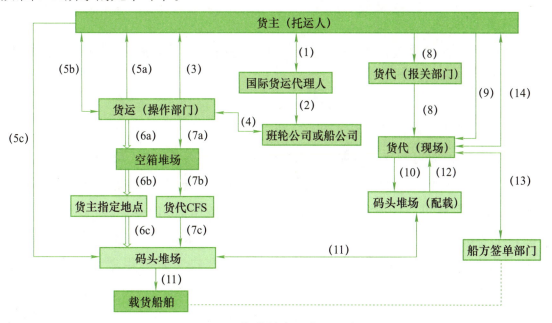

图4-10 集装箱海运出口业务

（一）订舱

收到有关的信用证后，出口商必须马上与轮船代理人或船运公司联系订舱，并按照进口人的装船要求准备装运。在这个环节中，需要填写托运单。

（二）接受托运申请

船公司或船代在接到托运申请后应审核托运单，确认无误后签发装货单，然后将装货单退还给货主或货运代理人。货主或货运代理人可持装货单向海关办理货物出口报关手续。而船公司或船代则在承运货物后，根据托运单缮制订舱清单，将货物分送至集装箱装卸作业区的集装箱码头、堆场和货运站，以准备空箱的发放和重箱的交接事宜。

（三）发放空箱

除货主自备箱外，通常整箱货使用的空箱由发货人凭船方提供的提箱单到指定的码头堆场（或内陆堆场）领取空箱，并办理设备交接手续，拼箱货使用的空箱由双方议定交接货物的货运站领取。

（四）拼箱货装箱

发货人将不足一整箱的货物交至集装箱货运站，由货运站根据订舱单、场站收据和船方的其他指示负责装箱、加封并制作装箱单，然后将重箱运至码头堆场。

（五）整箱货交接

整箱货交接指的是由发货人或发货人委托的货运代理公司负责装箱并将已加海关封志的整箱货运至码头堆场（或内陆场站），堆场作业员根据订舱清单、场站收据及集装箱交接单接收货物。

（六）换取提单

发货人或货运代理人凭集装箱堆场签署的场站收据可向船公司或代理公司换取提单，并据此向银行结汇。

（1）货主与货代建立货运代理关系。

（2）货主填写托运单证，货代及时订舱。

（3）订舱后，货代将有关订舱信息发送给货主，或者将"配舱回单"转交货主。

（4）货代向班轮公司或船代申请用箱，取得设备交接单（Equipment Interchange Receipt，EIR）后就可以凭设备交接单到空箱堆场提取所需的集装箱。

注：随后的工作是提取空箱，装箱制作装箱单（Packing List 或 Container Load Plan，CLP）、交装有货物的重箱，该工作有以下三种方式（分别用单线、双线、虚线表示），实践中只选其中一种。

（5）货主"自拉自送"方式：先从货代处取得 EIR，然后提取空箱，装箱后制作 CLP，并按要求及时将重箱送码头堆场待装船。

（6）货代上门装箱方式：货代提空箱至货主指定地点装箱，制作 CLP，然后将重箱送码头堆场待装船。

（7）货主送货上门，货代装箱方式：货主将货物送到货代 CFS（集装箱货运站），货代提空箱，并在CFS装箱，制作CLP，然后将重箱送到码头堆场待装船。

（8）货主委托货代代理报关、报检，办妥有关手续后交货代现场。

（9）货主也可自行报关、报检，将单证交货代现场。

（10）货代现场将办妥手续后的单证交码头堆场配载。

（11）配载部门制作装船计划，经船公司确认后实施装船作业。

（12）货物装船后可以取得场站收据（Dock Receipt，D/R）正本。

（13）货代可凭D/R正本到船方签单部门换取B/L或其他单据。

（14）货代将B/L等单据交货主。

二、海运集装箱接运（进口）货物运输业务

集装箱进口业务包括进口船期查询及签订进口服务合同、订舱、货物跟踪、付费换单、报关报检、提取货物、空箱回运等多个环节。

（一）FOB条件下的业务流程

FOB条件下的业务流程如图4-11所示。

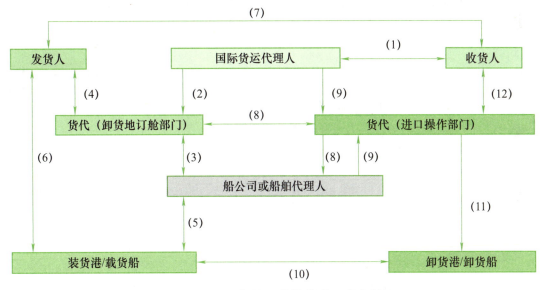

图4-11 FOB条件下整箱货进口业务流程

（1）收货人与货代建立货运代理业务。

（2）货代办理卸货地订舱业务前要确定货单齐备。

（3）货代缮制货物清单后，向船公司办理订舱手续，船公司进行订舱确认。

（4）货代通知发货人及装运港代理人。

（5）船公司安排载货船舶抵装货港。

（6）发货人将货物交给船公司，货物装船后发货人取得有关运输单证。

（7）发货人与收货人之间办理交易手续及单证。

（8）货代需要掌握船舶动态，收集、保管好有关单证。

（9）货代及时办理进口货物的单证及相关手续。

（10）船舶抵卸货港，货物入库、进场。

（11）办理货物进口报关等手续后凭提货单到现场提货。

（12）货代将货物交给收货人，并将空箱返还给空箱堆场。

（二）CFR、CIF条件下的业务流程

CFR、CIF条件下整箱货进口业务流程如图4-12所示。

（1）收货人与货代建立货运代理关系。

（2）船公司装船，装船后签发提单给发货人。

（3）发货人向收货人发出装船通知。

（4）货代需掌握船舶动态，搜集、保管好有关单证。

（5）货代及时办理进口货物的单证及相关手续。

（6）船舶抵卸货港卸货，货物入库、进场。

（7）办理货物进口报关等手续后凭提货单到现场提货。

（8）货代将货物交接给收货人，并办理空箱回运到空箱堆场等事宜。

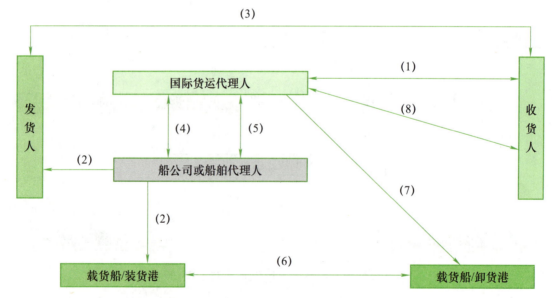

图4-12　CFR、CIF条件下整箱货进口业务流程

任务实践活动

一、实训内容

如果你是王明，你将如何完成此次海运工作？

二、任务执行

步骤一：确定航线。

王明登录中远海运集装箱运输有限公司官网查询船期表，以起运/目的地查询船期，发现有合适的航线可供选择，具体过程参见任务一中任务实践活动。王明决定选择中远海运船名为WAN HAI 515，航次为W088的CI2航线，截重时间为2024年1月5日，离港时间为2024年1月7日。

步骤二：清楚班轮运输与租船托运。

对比班轮运输与租船托运的区别，班轮运输适合一般杂货和不足整船的小额贸易货物的运输，且班轮运输发船时间、运价等都相对固定。王明考虑弘信商贸有限公司的货运量，认为选择班轮运输是较为合适的。

步骤三：掌握海运业务运作流程。

1. 接受托运人委托

弘信商贸有限公司委托扬帆货运公司代理发货业务，货主与货代建立货运代理关系。弘信商贸有限公司填写海运托运单。

2. 订舱

王明向船公司提出订舱申请，船公司或船代接到托运申请后审核托运单，确认无误后开具装货单。王明将相关订舱信息通知货主，或将"配舱回单"转交货主。

3. 申请用箱，提取空箱

王明向船公司或船代申请用箱，取得设备交接单后凭设备交接单到空箱堆场提取所需集装箱。

4. 货物装箱

王明提空箱至货主指定地点装箱，制作装箱单（CLP），然后将重箱送码头堆场待装船。

5. 报关报检

王明持相关单证到海关报关。海关批准通过后加盖报关章，王明将办妥手续后的单证交码头堆场配载。

知识链接

无纸化通关

无纸化通关是指海关以企业分类管理和风险分析为基础，按照风险等级对进出口货物实施分类，运用信息技术对企业联网申报的报关单及随附单证的电子数据进行审核、征税、验放的通关作业方式。

6. 配载装船

配载部门制订转船计划，经船公司确认后实施装船作业。货物装船后可以取得场站收据（D/R）正本。

7. 换取提单

王明凭场站收据正本到船方签单部门换取提单（B/L）或其他单据。王明将提单（B/L）等单据交货主。

8. 运输

船舶WAN HAI 515按照既定航线准时开航。

9. 到港卸货

到达目的港后，卸船人将船舶所承运的货物从船上卸下。

10. 交付货物

印度孟买HA童鞋派收货人员将提单交给中远海运公司在卸货港的代理人，代理人审核无误后签发提货单给收货人员，收货人员凭提货单前往码头仓库办理交接手续并提取货物。

任务评价

姓名				学号			
实训名称		水路运输业务流程					
考核内容		考核标准	参考分值	学生自评	小组互评	教师评价	考核得分
知识评价	1	掌握海运集装箱出口货物运输业务流程	10				
	2	掌握FOB条件下海运集装箱进口货物运输业务流程	10				
	3	掌握CFR、CIF条件下海运集装箱进口货物运输业务流程	10				
能力评价	1	能够组织海运集装箱出口货物运输业务流程	20				
	2	能够组织海运集装箱进口货物运输业务流程	20				
素养评价	1	良好的沟通能力	10				
	2	良好的团队合作精神	10				
	3	良好的专业行为规范	10				
总得分			100				

课后练习

一、单选题

1. 我国某货主委托货运代理人安排货物出口事宜，由于货主所提供的货物资料不清楚，造成货运代理人在办理货物出口申报时资料被退回，影响了货物的正常出运。为此造成货主的损失，应当由（   ）承担。

    A. 货运代理人   B. 报关行   C. 船公司   D. 货主

2. 在货主委托货运代理发运货物时，会向货运代理提交（   ）。

    A. 托运单   B. 提单   C. 报关单   D. 装货单

3. 一般认为，货运代理人是指接受（   ）的委托，代表货主办理有关货物交接、包装、报关、检验、仓储、调拨、转运、订舱等有关运输业务的法人或个人。

    A. 货主   B. 船东   C. 船舶代理人   D. 海事法院

二、业务解析

某医药进出口公司出口一批医疗器械到美国，需要在2月5日前出运，委托A货代公司进行出口货物的运输组织。A货代公司应如何进行货物出口运输组织工作？

项目总结

本项目旨在让学生掌握水路运输的概念、特点等相关知识，熟悉水路运输业务基本流程，熟悉并能够缮制水路运输单证，能够按照客户要求受理海运业务、组织水海运业务流程，使学生具有良好的沟通表达能力和团队协作能力，具有法律意识及诚实守信的职业道德。通过学习，学生能够更好地理解班轮运输及租船运输的概念、特点及业务流程，熟悉货运单证的流转过程，掌握海运业务的流程，不断学习新政策，将终身学习理念厚植心中，能够应对未来工作的变化，为其未来的职业和个人发展奠定基础。

素质拓展园地

"丝路海运"迎新成员，助力全球产业链稳定升级

根据海关总署发布的数据，2023年1月至8月，中国对"一带一路"共建国家合计进出口12.62万亿元，增长3.6%。在全球经济复苏乏力的当下，这显示出中国与"一带一路"沿线国家和地区在贸易畅通领域取得的扎实成果。在第五届"丝路海运"国际合作论坛上，多名国内外航运界人士表示，共建"一带一路"倡议不仅推动了国际航运合作，也为国际产业链的稳定贡献了重要力量。

斯里兰卡是最早与中国共建"一带一路"的国家之一，科伦坡港口城是两国合作的代表。斯里兰卡投资促进部国务部长阿穆努加马在论坛上表示，斯里兰卡感谢中国在基础设施领域的支持。在海运领域，"丝路海运"这样的倡议将推动互联互通，助力斯里兰卡的发展。

"丝路海运"是国内首个以航运为主题的"一带一路"国际综合物流服务品牌和平台，成立于2018年12月。截至2023年，"丝路海运"联盟成员单位已超过300家，覆盖产业链上的港口、航运、物流、港航服务、生产、贸易和批发零售等所有环节。"丝路海运"命名航线总数达116条，通达全球43个国家的131座港口。"丝路海运"反映出共建"一带一路"倡议在全球范围内获得的认可以及各国对于发展与合作的看重。

项目五

网络货运业务组织

项目背景

　　随着移动互联网技术的发展、车辆实时定位系统的进步、供应链金融服务的发展如火如荼，在大数据的介入下，货运全网互联互通，产生了智慧物流模式，涌现出很多网络货运平台，货满满就是众多网络货运平台中的一家。货满满为货车驾驶员提供拉货找货，为货主提供找车发货的高效物流服务。驾驶员可根据车型智能匹配货源，快速找货；货主可就近快速找车发货、找货源。公司的口号是高效找货、发货就用货满满！随着公司的快速发展，货满满公司需要更多的业务人员加入。

学习目标

📝 知识目标

- 了解网络货运平台的历史沿革和发展趋势。
- 掌握不同网络货运平台的运营模式和代表企业。
- 掌握网络货运平台的主要功能和内容。

⬆ 能力目标

- 能够按照网络货运平台操作说明进行操作完成业务处理。
- 能完成网络货运平台的数据采集和统计整理工作。

⚙ 素养目标

- 遵纪守法、依法合规地完成工作。
- 拥抱信息化时代，适应新时代岗位要求。
- 有科学素养，培养学生的数据意识，能发现和描述规律。

任务一
认识网络货运平台

任务情境

张鹏是一名从事运输行业的业务员，他时刻关注物流行业动态。近期，他发现网络上有关"网络货运平台"的招聘机会很多。比如货满满发布的招聘条件很诱人，于是他很想了解什么是网络货运平台，有名的网络货运平台企业有哪些？网络货运平台的运营模式和发展前景怎样？

知识储备

一、网络货运经营

2019年之前，不拥有车辆而从事货物运输的个人或单位称作无车承运人。无车承运人属于承运人的范畴，通过与托运人签订运输合同，承担全程运输责任、收取全程运输费用，但同时自身并不拥有车辆，由其委托的实际承运人完成运输业务，并向其支付运费。

随着移动互联网技术的发展、车辆实时定位系统的进步、供应链金融的发展如火如荼，在大数据的介入下，货运全网互联互通，产生智慧物流模式，涌现出很多网络货运平台，完成无车承运人的业务。我国交通运输部和国家税务总局印发《网络平台道路货物运输经营管理暂行办法》，自此，无车承运人试点工作于2019年12月31日结束。从2020年1月1日起，试点企业可按照该办法规定要求，申请经营范围为"网络货运"的道路运输经营许可。网络货运平台应运而生。

网络货运经营，是指经营者依托互联网平台整合配置运输资源，以承运人身份与托运人签订运输合同，委托实际承运人完成道路货物运输，承担承运人责任的道路货物运输经营活动。网络货运经营不包括仅为托运人和实际承运人提供信息中介和交易撮合等服务的行为。实际承运人，是指接受网络货运经营者委托，使用符合条件的载货汽车和驾驶员，实际从事道路货物运输的经营者，网络货运认知如图5-1所示。

网络货运运营平台接受托运人的业务委托，与托运人签订运输合同，承担承运人的责任，并将货物委托给实际承运人。网络货运运营平台做到物流资源的整合，撮合货物和运力资源，优化物流方案规划，融入物联网、车联网和地理信息系统（GIS）相关最新科技，做好客户及运力主体的信用评价、税务结算和监督合规工作。

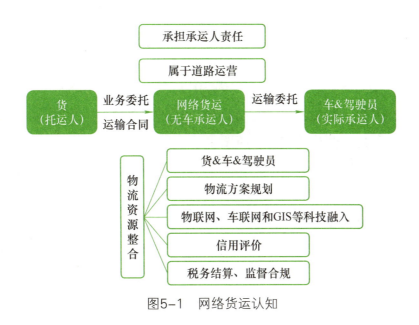

图5-1　网络货运认知

二、网络货运平台发展趋势

网络货运平台利用互联网信息技术，整合货、车、驾驶员等生产要素，对物流行业有以下几点促进作用：

一是有效促进了资源整合和集约发展。网络货运平台利用移动互联网等先进信息技术，整合了大量的货源车源，并通过信息网络实现了零散运力、货源、站场等资源的集中调度和优化配置，逐步引导和带动行业从"零、散、小、弱"向集约化、规模化、组织化方向发展。

二是有效提升了物流运输的组织效率。网络货运平台通过线上资源合理配置，实现了线下物流高效运行，能促进行业"降本增效"。根据典型企业的调查分析，试点企业的车辆里程利用率较传统运输企业提高50%，平均等货时间由2～3天缩短至8～10小时，交易成本下降6%～8%。同时，企业积极探索"网络货运+"甩挂运输、多式联运、共同配送等模式，通过模式创新，发挥叠加效应，进一步增强和放大了试点效果。

三是有效规范了物流运输的运营行为。网络货运平台通过严格承运人筛选标准、健全诚信考核档案、实施全过程风险管理、完善保险赔付机制等手段，逐步建立起涵盖全链条、各环节及各要素的管理体系。

但是在网络货运运营实施的过程中，平台监管需要加强，标准体系需要健全，部分企业仍然存在不规范竞争、偷税漏税的现象。

交通运输部推出网络货运信息交互系统，网络货运平台企业需要传送相关数据到交互系统。据系统统计，截至2021年6月30日，全国共有1299家网络货运企业（含分公司），整合社会零散运力293万辆，占全国营运货车保有量的26.4%；整合驾驶员304.7万人，占全国货车驾驶员总规模的20.2%。2021年上半年，完成运单2834.3万单，环比增长46.6%。

截至2022年6月30日，全国共有2268家网络货运企业（含分公司），整合社会零散运力515.6万辆，整合驾驶员462.3万人。2022年上半年，全国网络货运企业共上传运单4291万单，同比增长51.4%。截至2023年6月30日，全国共有2818家网络货运企业（含分公司），整合社会零散运力685.7万辆，整合驾驶员577.3万人。2023年上半年共上传运单5292.8万单，同比增长23.5%，如图5-2所示。

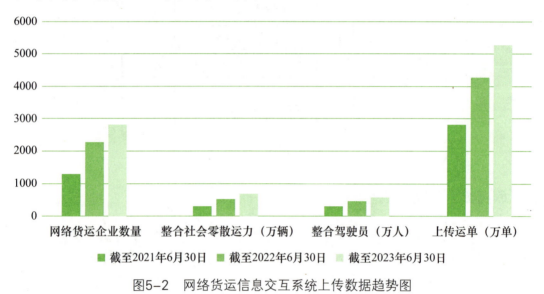

图5-2 网络货运信息交互系统上传数据趋势图

三、网络货运平台的运营模式

网络货运就是通过互联网平台把大量货主、驾驶员等物流资源进行高效整合。货、车辆、驾驶员是最重要的生产要素。大数据、物联网、地理信息系统高速发展，多样的需求显现，如个性化物流方案制定、订单追踪、车辆管理、交易存证、运费结算、税务核算、信用评价等需求。图5-3所示为网络货运平台三类运营模式。

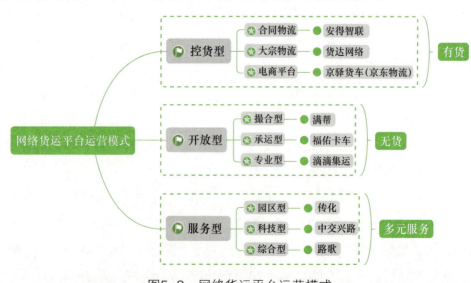

图5-3 网络货运平台运营模式

（一）控货型网络货运平台

控货型网络货运平台的特点是平台自身就是货主或货源的供给方，掌控物流订单的分配权，在成本压力下，货主需要寻找社会上的运力资源，用来扩充运力池，降低运力的采购成本，比较典型的就是合同物流企业（中国外运、安得等）、大宗能源企业（货达网络、世德现代等）、电商平台企业（京东物流、苏宁物流等）。图5-4所示为控货型网络货运平台的介绍。

图5-4　控货型网络货运平台

服务于合同物流的网络货运平台，大多是合同物流企业自身孵化的子公司。典型代表企业如中国外运、安得、一站网、申丝、新杰、大田、大恩、荣庆等，都是早期无车承运人试点企业。这类平台建立的初衷是解决企业自身业务的物流问题。每一家合同物流企业都拥有自己的运力池，一般是由自有车、挂靠车以及长期合作的运力供应商三类组成，规模相当有限，并且驾驶员水平良莠不齐，难以满足企业各种运力需求。搭建平台的意义，就是扩充运力池的边界，通过使用公共运力池（社会运力），不断把更优质、更便宜的运力装进自有运力池，形成稳定长期的运力为自己所用，降低运力成本。

大宗和危化品运输与普货运输有较大差别。大宗运输的货源以煤炭、钢铁、矿石、粮食、石油等为主，而危化品运输则多是易燃易爆、具有强腐蚀性的化学制品，且需要专人专车运输。大宗类企业搭建网络货运平台，一是能够在管理上整合运力，实现对个体驾驶员的监管；二是能够实现数据化，打通货主、贸易商、驾驶员以及货价、运价的信息壁垒；三是解决税务问题，帮助驾驶员开票，同时实现结算本地化。

大宗货物的代表平台有货达网络——大宗商品数字供应链服务商。货达网络在煤炭运输中首屈一指，与中煤集团、中国华能集团和大唐集团合作密切。在煤炭行业提供了一个全面的信息管理平台，构建了从合同签订、调拨计划到排队叫号、自动识别进矿、无人值守磅房、筒仓装煤、自动识别出矿等环节的标准化"大闭环管理"，帮助企业实现降本增效，图5-5所示为货达网络煤矿业务简介图。

与合同物流企业类似，电商平台希望通过平台化手段整合现有运力供应商及其他社会零散运力资源，实现自身运力池的优化。电商平台的代表有京驿货车，其背靠京东集团，货源充足，面向社会运力提供车货精准匹配，打造线上线下相结合，车货信息实时共享的货运市场新生态。

图5-5　货达网络煤矿业务简介图

（二）开放型网络货运平台

开放型网络货运平台既不是货主，也不是运力供应商，而是专注于货主与运力之间的有效匹配，是面向整体市场开放的、接受自由竞争的纯第三方企业，可分为撮合型、承运型、专业型三种类型，如图5-6所示。

图5-6　开放型网络货运平台

撮合型以临时性整车订单为主，倾向于做信息撮合，平台自身不参与物流环节，能降低货主、驾驶员的交易成本。撮合型网络货运平台代表企业为满帮。满帮是运满满与货车帮战略合并的集团，解决了车货信息匹配问题，提升了物流效率，也加速了物流行业信息化、数字化的发展。

承运型平台侧重承运本身，业务上以计划性整车为主，比如快递、快运的干线外包业务，业务周期长，但运输时间、线路都相对固定，对运输质量的要求比较高。承运型网络货运平台有福佑卡车。福佑卡车是专注于整车运输的科技物流平台，目前已实现全国化网络布局，业务覆盖全国，累计获得了来自中银集团投资有限公司、经纬中国、京东物流、君联资本、钟鼎创投、普洛斯等投资机构的7轮股权融资，发展迅猛。

专业型则是专注于特殊市场，比如能源炼化、港口配送，或者是局部的、区域内的运力整合。其中具有代表性的企业如：服务于能源危化品行业的拉货宝；服务于集装箱运输业的滴滴集运；主要做大宗商品流通的山西快成；恰途、物云通则服务于当地的专线及网点，做区域内的运力整合。

（三）服务型网络货运平台

服务型网络货运平台的特点是多业务线并行，盈利模式除承运和撮合业务外，主要来自为客户提供网络货运SaaS（Software-as-a-Service，软件即服务）系统、资质申报、税务合规、物流金融、油卡、ETC（Electronic Toll Collection，电子不停车收费）等服务。服务型网络货运平台可以分为园区型、科技型、综合型三类，如图5-7所示。

图5-7 服务型网络货运平台

园区型平台的切入点就是有自己的物流园区，代表企业如传化、卡行天下、黑豹、天地汇等。这类平台运用自身的资源优势，直接服务于园区内的专线企业。园区型网络货运平台有传化。传化有遍布全国的智能公路港，作为城市的物流中心，能补足城市物流基础设施短板，为物流中心内的企业提供运力服务，并解决税务合规的问题。

科技型网络货运平台有自身科技优势，有其核心技术，以技术赋能物流企业。科技型网络货运平台的典型代表有中交兴路。中交兴路有五大核心技术——物联网与云通信、商用车车联网大数据、人工智能、货运专用地理信息系统和智能IT管理体系。每一项技术都有核心科技产品。

综合型网络货运平台主营业务不仅能解决大小货主、物流公司、卡车驾驶员的物流需求问题，还能为客户提供税务合规、金融保险、车后

随堂记

服务、协助网络货运平台资质申办等综合类服务。综合型平台的代表企业有路歌、共生、物润船联等，路歌做到了"全链路数字货运+货车司机职业社区+车后服务"的业务布局。

知识链接

　　金融服务：包括运费融资、消费金融、融资租借。联合大型物流金融机构为网络货运平台运营所聚集的各类用户群体提供借贷、保险、投资等金融服务。

　　后市场行车消费服务：包括为平台企业提供运费垫付，货主授信贷款，过路费垫资，ETC垫资等；采用分销模式为车辆提供周边加油及加气、汽车修理、车辆保险、润滑油等；形成更加便捷的车辆后市场服务，打造多元化盈利模式。

　　利用税务洼地，占领利润高地：截至目前，全国多个省份都已陆续出台网络货运相关税收优惠政策，给予网络货运企业最大的支持，网络货运平台企业可以利用税收政策抢占利润高地。

以数字化减税
助力网络货运
平台发展

任务实践活动

一、实训内容

请根据"知识储备"中的内容和小组同学在互联网或各类学习资料中查询到的资料，做出一个介绍网络货运平台的PPT，必须包含如下内容：

（1）什么是网络货运平台？

（2）不同网络货运平台运营模式的代表企业及特点。（表格的形式）

（3）请用Excel画出网络货运平台发展趋势图（类似图5-2），简述网络货运平台的发展趋势。

二、实训步骤

步骤一：小组分工，每个人负责查找不同的资料。

步骤二：查到需要的资料后，经过组员协商确认合格后，再分成两大组。

步骤三：一组负责制作PPT，PPT不能少于5页，PPT需要有封面和目录，注意标题以及正文的字体和大小，每页保持一致。

步骤四：一组负责用Excel画出网络货运平台发展趋势图，注意先从Excel表中输入原始数据，然后导出趋势图并插入到PPT当中。

任务评价

姓名					学号			
实训名称			认识网络货运平台					
考核内容		考核标准		参考分值	学生自评	小组互评	教师评价	考核得分
知识评价	1	掌握不同网络货运平台的运营模式		15				
	2	掌握不同网络货运平台运营模式的代表企业		10				
能力评价	1	能用Excel画出网络货运平台发展趋势图		15				
	2	能对趋势图进行分析		15				
	3	学会PPT制作并汇报内容		15				
素养评价	1	提升自主学习能力		15				
	2	使用基本办公软件，提升信息化素养		15				
总得分				100				

课后练习

一、单选题

1. 网络货运平台运营中，（　　）负责承担承运人的责任。

    A. 实际承运人　　　　B. 网络货运平台　　C. 托运人　　　　　　D. 交通运输部

2. 下列关于合同物流的网络货运平台的描述，错误的是（　　）。

    A. 大多是合同物流企业自身孵化的子公司

    B. 这类平台建立的初衷是解决企业自身业务的物流问题

    C. 需要专人专车运输

    D. 搭建平台的意义是降低运力成本

3. 下列（　　）网络货运平台专注于特殊市场。

    A. 服务型　　　　　　B. 承运型　　　　　C. 撮合型　　　　　D. 专业型

二、多选题

1. 请问网络货运平台对物流行业的促进作用包括（　　）。

    A. 有效促进了资源整合和集约发展　　　B. 提升了物流运输的组织效率

    C. 规范了物流运输的运营行为　　　　　D. 促进了地理信息系统的发展

2. 网络货运平台运营模式主要分为（　　）三类。

    A. 服务型　　　　　B. 控货型　　　　　C. 综合型　　　　　D. 开放型

3. 服务型网络货运平台可以提供的服务包括（　　）。

    A. 物流金融　　　　B. SaaS系统　　　　C. 资质申报　　　　D. ETC

任务二
网络货运平台功能

任务情境

通过对网络货运平台和其未来发展趋势的了解，张鹏决定辞职入职货满满网络货运公司。入职后，3月16日，他的主管李丹给了他一本网络货运平台的使用手册，让他全方面了解网络货运平台的功能，并用思维导图的形式完成网络货运平台的功能的介绍。同时要求他完成公司1月和2月份运单数据的整理和统计。

知识储备

一、网络货运经营者线上服务能力要求

《网络平台道路货物运输经营服务指南》对网络货运经营者线上服务能力提出了具体的要求，包括以下条件：

第一，取得增值电信业务许可证（公司名称与网络货运经营申请人名称一致）。

第二，符合国家关于信息系统安全等级保护的要求（单位名称与网络货运经营申请人名称一致，建议取得三级及以上信息系统安全等级保护备案证明及相关材料）。

第三，网络平台接入省级网络货运信息监测系统，并将平台的运营数据上传，包括运输单据信息、资金流水账单信息、车辆信息、驾驶员信息、驾驶员实时位置信息等数据。

网络平台道路
货物运输经营
服务指南

二、网络货运平台的功能要求

《网络平台道路货物运输经营服务指南》中明确要求，运营的网络货运平台必须具备：信息发布、线上交易、全程监控、金融支付、咨询投诉、在线评价、查询统计、数据调取这八大功能。

（一）信息发布

网络货运经营者依托网络平台为托运人、实际承运人提供真实、有效的货源及运力信息，并对货源及车源信息进行管理，包括但不限于信息发布、筛选、修改、推送、撤回等功能。

（二）线上交易

网络货运经营者应通过网络平台在线组织运力，进行货源、运力资源的有效整合，实现信息精准配置，生成电子运单，完成线上交易。网络货运经营者完成线上交易涉及三个

方面：在线组织运力、信息精准匹配和生成电子运单。电子运单在网络货运中连接了托运人、收货人、承运商和运输车辆及驾驶员，图5-8为电子运单在网络货运中的应用。

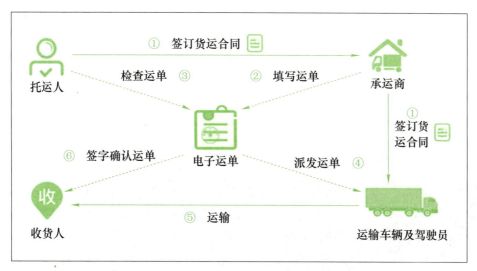

图5-8 电子运单在网络货运中的应用

1. 在线组织运力

网络货运平台通过综合运用大数据、云计算、移动互联、卫星定位、物联网等技术为用户提供智慧物流服务，从而吸引更多货运企业加入，平台货源质量得到提高，优质运力得到补充，打破原有物流行业的"熟人经济"与"物流区域化"限制，实现平台运力资源的集约化、规模化。

网络货运平台在组织车源、货源时，需要注意交易订单风险控制。订单交易信息包括订单日志、网上交易日志、款项结算、含有时间和地理位置信息的实时行驶轨迹数据等。平台应建立运力信用体系，运用大数据积极推进跨领域、跨平台、跨部门的数据共享开放，营造诚信运力整体环境，让可以提供更加优质服务的驾驶员群体获得更多的市场竞争优势。

2. 信息精准匹配

网络货运平台通过海量数据挖掘处理，能够有效组织运力资源，实现信息精准匹配，提高交易效率，缩短驾驶员配货时间，大幅降低物流成本。网络货运平台可通过两种方式加强资源优化配置，实现信息精准匹配。一是加强与运输企业的联合，整合企业的干线网络、网点资源、运力信息等，形成网络货运平台全国干线网络，同时高效整合其货源和优质运力资源，优化运输路线，共建车队，实现资源共享。二是加强对车源、驾驶员的标准化管理，提升运力资源质量，从而规模化、标准化及精确化地满足货主需求。

3. 生成电子运单

网络货运平台可以通过引入电子签章，在运输合同生成后，满足托运人、驾驶员的线上签署需求。电子运单自动生成、派发，需要收货人在线签字回执。网络货运线上交易、服务效率得到全面提升。平台也应建立电子运单数字档案，随时上报省级网络货运平台，推动接单、派单、运输、交货、回执、监管全面数字化，缓解纸质运输文件的签署压力，消除运输文件的用纸、签署成本，全面释放人力，推动平台合规、高效、安全服务。

（三）全程监控

网络平台应自行或者使用第三方平台对运输地点、轨迹、状态进行动态监控，具备对装货、卸货、结算等进行有效管控的功能和物流信息全流程跟踪、记录、存储、分析能力；应记录含有时间和地理位置信息的实时行驶轨迹数据；应实时展示实际承运驾驶员、车辆运输轨迹，并实现实际承运人相关资格证件到期预警提示、违规行为报警等功能。图5-9所示为某网络货运平台的全程监控图。

图5-9　某网络货运平台全程监控（数据均为演示数据）

（四）金融支付

网络平台应具备核销对账、交易明细查询、生成资金流水单等功能，宜具备在线支付功能。

（五）咨询投诉

网络平台应具备咨询、举报投诉、结果反馈等功能。

（六）在线评价

网络平台应具备对托运、实际承运人进行信用打分及评级的功能。物流业务的数字化、标准化、规范化是网络货运平台最基本的特征，其中打造信用记分评价体系是网络货运作为新业态的核心竞争力之一。该评价体系数据来源于两部分：一是平台对货主及驾驶员的相关评价，二是货主与驾驶员之间的相互评价。后期，平台会根据评价做出相应匹配安排。

（七）查询统计

网络货运平台应具备信息查询功能，包括运单、资金流水、运输轨迹、信用记录、投诉处理等信息分类分户查询以及数据统计分析的功能。托运人、实际承运人等客户可以在网络货运平台上查询信息，对基础功能的信息进行分类分户查询，而且还可以对查询到的信息进行数据统计分析。图5-10所示为网络货运平台查询统计图。

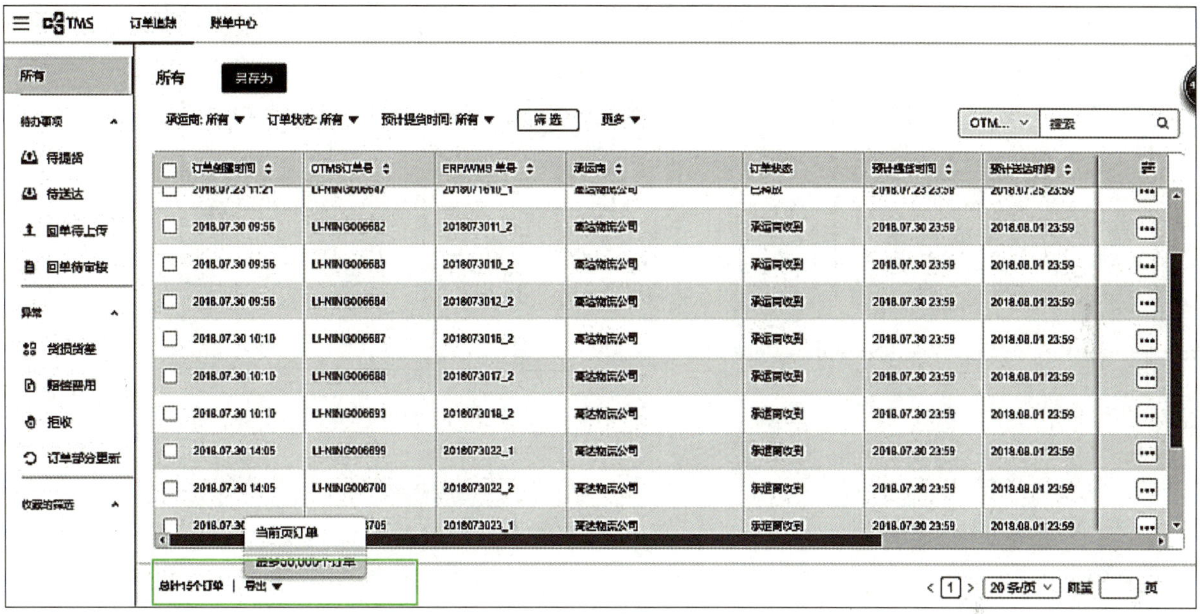

图5-10　网络货运平台查询统计

（八）数据调取

网络货运平台应具备交通运输、税务等相关部门依法调取数据的条件。根据《网络平台道路货物运输经营管理暂行办法》，省级交通运输主管部门应按照相关技术规范的要求建立和完善省级网络货运信息监测系统，实现与网络货运经营者信息平台的有效对接。

根据《省级网络货运信息监测系统建设指南》，省级交通运输主管部门应实现与网络货运经营者信息平台、交互系统的对接和数据传输，对接省级道路运政管理信息系统、全国道路货运车辆公共监管与服务平台，并建立与税务、保险等部门的信息共享机制，共同规范网络货运市场，提升网络货运管理水平。网络货运平台应实时上传运单、资金流水单、车辆及驾驶员基本信息、驾驶员位置信息至省级网络货运信息监测系统。交通运输部门可以依法调取车辆、驾驶员基本信息以及车辆异常信息等。税务部门可以依法调取运单、资金流水单等业务信息以及运单与资金流水单匹配异常信息等。

任务实践活动

一、实训内容

请全面学习网络货运平台的功能，并用思维导图的形式完成对网络货运平台功能的介绍，同时完成公司1月和2月份运单数据的整理和统计工作。

二、实训步骤

步骤一：注册思维导图工具——百度脑图。上网搜索百度首页，如图5-11所示，单击【更多】按钮，单击软件工具里的【百度脑图工具】，如图5-12所示，进行注册。

图5-11　百度首页

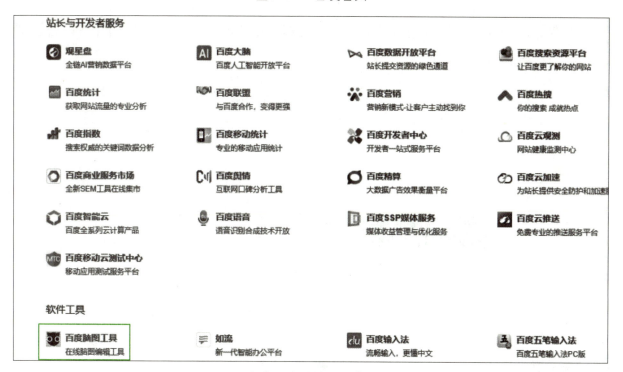

图5-12　在【百度脑图工具】中进行注册

步骤二：制作思维导图。注册完百度脑图后，新建脑图并命名为"网络货运平台功能"。从脑图中心开始制作，分级添加每一级别的内容，选取关键词，并给每一级添加序号，如图5-13、图5-14所示。

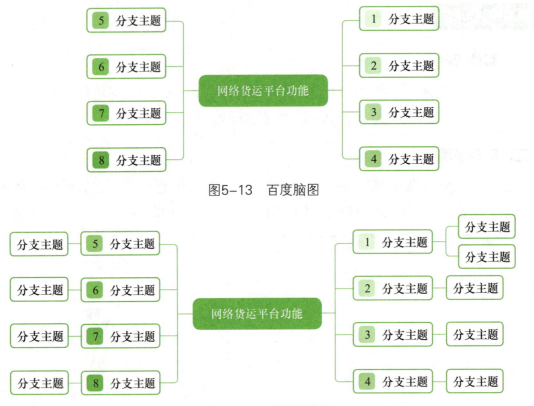

图5-13 百度脑图

图5-14 百度脑图操作

步骤三：完成至少三级内容的添加后，选取脑图外观。如果要添加图片或者备注请进行说明，具体如图5-15所示。

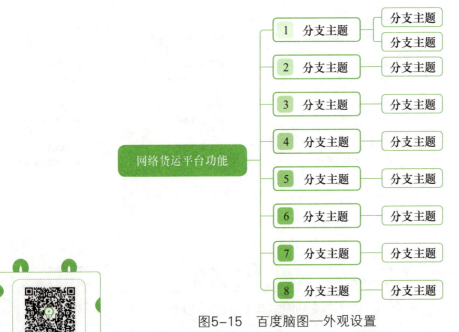

图5-15 百度脑图—外观设置

数据分析与统计用表——运单数据

步骤四：李丹为你提供了由平台系统导出的数据，部分数据如图5-16所示，数据中包括了运单号、开单时间、客户代码、到站城市、发货数量、体积、运行情况、晚到责任方等相关信息。李丹需

运单号	开单时间	发货DC	客户代码	区域	省份	到站城市	产品类别	发货数量（件）	发货金额	体积(m3)	运输商提货日期	计划到货日期	运行情况	运输商确认到货日期	晚到责任方	晚到具体原因	是否送达
8020285089	2023-01-17	北京NDC	A13247A	华北	河北省	承德市	服装	72	21528	0.1296	2023/2/1	2023/2/2	准时	2023/2/2			已送达
8020341778	2023-01-29	北京NDC	S131405	华北	河北省	唐山市	服装	16	6384	0.0672	2023/2/1	2023/2/2	延误	2023/2/3	客户原因	出货延误	已送达
8020341779	2023-01-29	北京NDC	S131405	华北	河北省	唐山市	服装	20	13980	0.072	2023/2/1	2023/2/2	延误	2023/2/3	客户原因	出货延误	已送达
8020341780	2023-01-29	北京NDC	S13203U	华北	河北省	唐山市	服装	16	6384	0.0672	2023/2/1	2023/2/2	延误	2023/2/3	客户原因	出货延误	已送达
8020341781	2023-01-29	北京NDC	S13203U	华北	河北省	唐山市	服装	30	20970	0.108	2023/2/1	2023/2/2	延误	2023/2/3	客户原因	出货延误	已送达
8020341782	2023-01-29	北京NDC	S13203U	华北	河北省	唐山市	服装	6	4194	0.0168	2023/2/1	2023/2/2	延误	2023/2/3	客户原因	出货延误	已送达
8020341783	2023-01-29	北京NDC	S132058	华北	河北省	唐山市	服装	16	6384	0.0672	2023/2/1	2023/2/2	延误	2023/2/3	客户原因	出货延误	已送达
8020341784	2023-01-29	北京NDC	S13205A	华北	河北省	唐山市	服装	16	6384	0.0672	2023/2/1	2023/2/2	准时	2023/2/2			已送达
8020341785	2023-01-29	北京NDC	S132050	华北	河北省	唐山市	服装	12	4788	0.0504	2023/2/1	2023/2/2	延误	2023/2/3	客户原因	出货延误	已送达
8020341786	2023-01-29	北京NDC	S13205U	华北	河北省	唐山市	服装	16	6384	0.0672	2023/2/1	2023/2/2	延误	2023/2/3	客户原因	出货延误	已送达
8020341787	2023-01-29	北京NDC	S132069	华北	河北省	唐山市	服装	20	13980	0.072	2023/2/1	2023/2/2	延误	2023/2/3	客户原因	出货延误	已送达
8020341788	2023-01-29	北京NDC	S132069	华北	河北省	唐山市	服装	12	4788	0.0504	2023/2/1	2023/2/2	准时	2023/2/2			已送达
8020341789	2023-01-29	北京NDC	S13206S	华北	河北省	唐山市	服装	16	6384	0.0672	2023/2/1	2023/2/2	准时	2023/2/2			已送达
8020341790	2023-01-29	北京NDC	S13209C	华北	河北省	唐山市	服装	72	28728	0.3024	2023/2/1	2023/2/2	延误	2023/2/3	客户原因	出货延误	已送达
8020341791	2023-01-29	北京NDC	S13209C	华北	河北省	唐山市	服装	48	33552	0.1728	2023/2/1	2023/2/2	延误	2023/2/3	客户原因	出货延误	已送达
8020341792	2023-01-29	北京NDC	S1320A7	华北	河北省	唐山市	服装	16	6384	0.0672	2023/2/1	2023/2/2	准时	2023/2/2			已送达
8020341793	2023-01-29	北京NDC	S1320A7	华北	河北省	唐山市	服装	12	6388	0.0432	2023/2/1	2023/2/2	准时	2023/2/2			已送达

图5-16　网络货运平台运单数据（部分）

要你对数据进行分析和整理，并完成下面数据信息统计表。请你使用Excel，完成运单数据的统计，并填写"2023年度1、2月份运单数据统计表"，如表5-1所示。

表5-1　2023年度1、2月份运单数据统计表

序号	统计项目	统计值
1	1月份运单数量	
2	2月份运单数量	
3	1月份发货数量（件）	
4	2月份发货数量（件）	
5	到站城市中，1月份运单数量最多的城市	
6	到站城市中，2月份运单数量最多的城市	
7	运行情况中，"延误"运单数据所占比重	
8	产品类别中，发货数量最多的产品	
9	制作到站城市运单数量分布情况饼图	

任务评价

姓名					学号			
实训名称			网络货运平台功能					
考核内容		考核标准	参考分值	学生自评	小组互评	教师评价	考核得分	
知识评价	1	掌握网络货运平台的功能要求	10					
	2	掌握网络货运经营者线上服务能力要求	15					
能力评价	1	能够用思维导图制作网络货运平台的功能说明	15					
	2	能完成网络货运平台数据采集和统计整理的工作	15					
素养评价	1	遵纪守法、依法合规地完成工作	15					
	2	能用通用软件完成统计，提升信息化素养	15					
	3	能够独立完成任务	15					
总得分			100					

课后练习

一、单选题

1. 网络货运平台线上交易功能不包括（　　　）。

    A. 在线组织运力　　　　　　　　　　B. 信息精准匹配

    C. 金融支付　　　　　　　　　　　　D. 生成电子运单

2. 网络货运平台要符合国家关于信息系统安全（　　　）的要求。

    A. 建议取得三级及以上信息系统安全等级保护

    B. 建议取得二级及以上信息系统安全等级保护

    C. 建议取得一级信息系统安全等级保护

    D. 建议取得四级及以上信息系统安全等级保护

3. 以下（　　　）不属于运营的网络货运平台必须具备的功能。

    A. 金融支付　　　　B. 在线评价　　　　C. 数据调取　　　　D. 数据公开

二、多选题

1. 运营的网络货运平台必须具备（　　　）。

    A. 信息发布　　　　B. 线上交易　　　　C. 全程监控　　　　D. 金融支付

    E. 咨询投诉

2. 网络货运平台金融支付功能包括（　　　）。

    A. 核销对账　　　　　　　　　　　　B. 交易明细查询

    C. 生成资金流水单　　　　　　　　　D. 咨询投诉

3. 网络货运平台在线评价功能包括（　　　）。

    A. 平台对驾驶员的相关评价　　　　　B. 平台对货主的相关评价

    C. 货主对驾驶员的相关评价　　　　　D. 驾驶员与货主的相关评价

任务三
网络货运系统操作

任务情境

通过对网络货运平台功能的了解，张鹏已经熟悉整个网络货运平台的功能，了解每个功能模块的要求。随后他就接到主管李丹发来的E-mail，要求他承担具体的任务，帮助不同的客户完成注册，如图5-17所示。

> 亲爱的张鹏，你好：
>
> 　　我是主管李丹。请你完成如下工作：
>
> 　　客户林奇（货运公司主管）和客户刘志（商贸公司经理）想注册我们公司的网络货运平台账号。他们不知道需要准备什么材料，请你给他们回复邮件，说清楚需要的材料。
>
> 　　林奇的邮箱为linqi@163.com，刘志的邮箱为liuzhi4589@163.com。
>
> 　　此致
>
> 敬礼
>
> 　　　　　　　　　　　　　　　　　　　　　　　　　　　　　李丹
>
> 　　　　　　　　　　　　　　　　　　　　　　　　　　　　　2023年8月16日

图5-17　主管李丹发的E-mail截图

知识储备

网络货运平台通过不同使用者的角度分析整套系统，还可将平台的功能模块分为货主端、司机端、平台端。

一、货主端网络货运平台操作说明

1. 货主端注册

货主又被称为"托运人"，是委托承运人运送货物并支付运费的社会组织或个人。首先，货主需要在网络货运平台完成注册，选择货主身份。当托运人身份为法人时，注册信息包括托运单位及法人代表人名称、统一社会信用代码、联系人、联系方式、通信地址等基本信息。当托运人身份为自然人时，注册信息包括托运人姓名、有效证件号码、联系方式等。当托运人完成注册后，网络货运经营者应该在平台上登记并核对托运人信息，留存营业执照扫描件或有效证件扫描件。其次，托运人登录网络货运平台，进入信息发布页面，按照要求填写货源信息，货源信息包括货物名称、货物类型、货物重

量、货物体积、托运人及其联系方式、运价、结算方式、发货日期、有效日期、始发地、目的地、装货时间以及备注信息等。最后，托运人单击发布货源，等待实际承运人接单。

2. 货主端使用

如图5-18所示，货主可以在货主端App完成发布发货任务、接单、确认装车、确认卸车、确认运费等操作，确认运费前货主需要将运费提前打到平台公户，平台给驾驶员打款后扣减货主账户余额。通过查询功能，货主可以实时了解当前运输市场价格，及时调整运输计划；通过车辆跟踪功能，货主可以实时了解运输业务动态，方便业务沟通。

二、司机端网络货运平台操作说明

1. 司机端注册

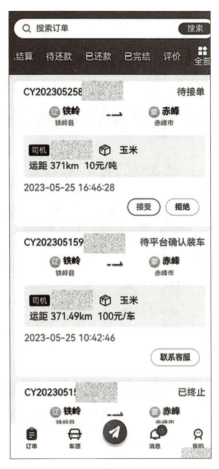

图5-18　网络货运平台货主端显示界面

实际承运人是指接受网络货运经营者委托，使用符合条件的载货汽车和驾驶员，实际从事道路货物运输的经营者。首先。实际承运人要在网络货运平台上注册，选择车主身份，注册信息包括实际承运人名称、道路运输经营许可证号、统一社会信用代码（或身份证号码）、驾驶员姓名、身份证号码、联系方式、道路运输从业资格证号、机动车驾驶证号、车辆牌照号、车牌颜色、车辆道路运输证号、车辆行驶证档案编号、车辆总质量、核定载质量、外廓尺寸（4.5吨及以下普通道路货物运输车辆从事普通道路货物运输经营的，无须登记道路运输经营许可证号、道路运输证号和驾驶员从业资格证号）。

此时网络货运经营者应对实际承运人资质信息进行审核，通过审核后方能委托其承担运输业务。其次，实际承运人登录网络货运平台，进入发布页面按要求准确填写车源信息。车源信息包括车牌号码、车辆类型、车辆长度、最大载重、最大装载体积、运营证、行驶证、年检时间、保险单号、付费方式、始发地、目的地、可承接货物、驾驶员及其联系方式以及备注信息等。最后，实际承运人单击发布车源，等待托运人接单。

2. 司机端使用

驾驶员可以通过App接单，有整车订单、批量订单、指派订单，运送单显示待装车、运送中、待卸货、待评价、已完成等，具体显示界面如图5-19所示。

图5-19 网络货运平台司机端显示界面

课后练习

多选题

1. 当托运人身份为法人时，注册信息包括（　　　　）。

  A. 托运单位及法人代表人名称   B. 统一社会信用代码

  C. 法人代表人有效证件号码   D. 通信地址

2. 托运人在平台发布货源信息时，货源信息包括（　　　　）。

  A. 货物名称   B. 发货日期   C. 结算方式   D. 货物重量

3. 实际承运人在网络货运平台注册时，注册信息包括（　　　　）。

  A. 实际承运人名称   B. 道路运输从业资格证号

  C. 机动车驾驶证号   D. 车辆行驶证档案编号

项 目 总 结

本项目旨在让学生了解网络货运平台的相关含义和发展趋势，掌握网络货运平台的运营模式和主要功能，能够按照网络货运平台操作说明进行操作完成业务处理，完成网络货运平台数据采集和统计整理的工作，并从系统的角度分析和解决问题，培养学生有效沟通和协调的能力，具有数据意识，能发现和描述规律。通过学习，学生将能更好地理解网络货运平台的运营模式，熟悉网络货运平台操作流程，提高数据收集和统计的能力，能够应对未来工作的变化，为其未来的职业和个人发展奠定基础。

素质拓展园地

数字经济时代，网络货运员成为我国新职业工种

网络货运在电商平台、物流科技、绿色物流、供应链整合和跨境电商等方面都呈现出快速发展的趋势，这些趋势将进一步推动网络货运行业的发展。

2022年9月28日，我国人力资源和社会保障部发布《中华人民共和国职业分类大典（2022年版）》，网络货运员（职业编号：4-02-02-04-003）成为新职业工种。网络货运员是指在网络货运经营活动中，从事承运管理、客户服务、信息服务，并组织进行订单受理、业务跟踪、费用结算、信息处理的人员。

自2020年1月1日起正式开展"网络货运"道路运输经营许可至2024年3月，全国共有近1500家网络货运平台企业获得许可，现有整个行业的从业人员规模超过60万人。未来3年，网络货运平台企业将超过3000家，整个行业从事网络货运业务的从业人员规模预计可超过100万人。

参考文献

[1] 彭秀兰. 道路运输管理实务[M]. 4版. 北京：机械工业出版社，2023.

[2] 陈红霞. 国际航空货物运输实务[M]. 北京：国防工业出版社，2012.

[3] 戴小红. 国际航空货运代理实务[M]. 2版. 北京：中国金融出版社，2019.

[4] 江建达，李佑珍，颜文华. 物流运输管理：理论、实务、案例、实训[M]. 3版. 大连：东北财经大学出版社，2018.

[5] 王爱霞. 物流运输实务[M]. 北京：机械工业出版社，2019.

[6] 陈艳. 国际物流：英、汉[M]. 2版. 北京：化学工业出版社，2023.

[7] 《交通大辞典》编委会. 交通大辞典[M]. 上海：上海交通大学出版社，2005.